MEDITAÇÃO

Incrível Guia Para Iniciantes E Aqueles Que Odeiam Ficar Parados

(Paz De Espírito Para Uma Vida Melhor)

Joao Silva

Traduzido por Daniel Heath

Joao Silva

MEDITAÇÃO: INCRÍVEL GUIA PARA INICIANTES E AQUELES QUE ODEIAM

FICAR PARADOS (PAZ DE ESPÍRITO PARA UMA VIDA MELHOR)

ISBN 978-1-989837-33-7

Termos e Condições

De modo nenhum é permitido reproduzir, duplicar ou até mesmo transmitir qualquer parte deste documento em meios eletrônicos ou impressos. A gravação desta publicação é estritamente proibida e qualquer armazenamento deste documento não é permitido, a menos que haja permissão por escrito do editor. Todos os direitos são reservados.

As informações fornecidas neste documento são declaradas verdadeiras e consistentes, na medida em que qualquer responsabilidade, em termos de desatenção ou de outra forma, por qualquer uso ou abuso de quaisquer políticas, processos ou instruções contidas, é de responsabilidade exclusiva e pessoal do leitor destinatário. Sob nenhuma circunstância qualquer, responsabilidade legal ou culpa será imposta ao editor por qualquer reparação, dano ou perda monetária devida às informações aqui contidas, direta ou indiretamente. Os respectivos autores são proprietários de todos os direitos autorais não detidos pelo editor.

Aviso Legal:

Este livro é protegido por direitos autorais. Ele é designado exclusivamente para uso pessoal. Você não pode alterar, distribuir, vender, usar, citar ou parafrasear qualquer parte ou o conteúdo deste ebook sem o consentimento do autor ou proprietário dos direitos autorais. Ações legais poderão ser tomadas caso isso seja violado.

Termos de Responsabilidade:

Observe também que as informações contidas neste documento são apenas para fins educacionais e de entretenimento. Todo esforço foi feito para fornecer informações completas precisas, atualizadas e confiáveis. Nenhuma garantia de qualquer tipo é expressa ou mesmo implícita. Os leitores reconhecem que o autor não está envolvido na prestação de aconselhamento jurídico, financeiro, médico ou profissional.

Ao ler este documento, o leitor concorda que sob nenhuma circunstância somos responsáveis por quaisquer perdas, diretas ou indiretas, que venham a ocorrer como resultado do uso de informações contidas neste documento, incluindo, mas não limitado a, erros, omissões, ou imprecisões.

Índice

Parte 1 1

Introdução 2

O QUE É MEDITAÇÃO? 2
OS DIFERENTES TIPOS DE MEDITAÇÃO 8
MEDITAÇÃO MANTRA 9
MEDITAÇÃO DOS CHAKRAS 13
MEDITAÇÃO VIPASSANA 16

Como Se Preparar Para Ficar Com O Hábito Da Meditação 19

CRIAR MICRO-COTAS E METAS DE MACRO 20
CRIAR CADEIAS DE COMPORTAMENTO 21
ELIMINAR OPÇÕES EXCESSIVAS 21
PLANO DE PROCESSOS 23
ELIMINE OS MOMENTOS "NÃO VALE A PENA O ESFORÇO" ... 24

Como Meditar Como Um Novato 25

TÉCNICA DE MEDITAÇÃO PARA INICIANTES 32

Como Subir Para Níveis Mais Altos De Meditação 33

MEDITAÇÃO MINDFULNESS 35
MEDITAÇÃO SENTADA 36
MEDITAÇÃO ANDANDO 37
MEDITAÇÃO TRANSCENDENTAL 37

Como Construir Um Estilo De Vida Saudável Em Torno Do Seu Hábito De Meditação 40

COMENDO MAIS SAUDÁVEL 41
QUANTIDADE E QUALIDADE DO SONO 41
AUMENTO DOS NÍVEIS DE ATIVIDADE 42
TEMPO SUFICIENTE PARA SE DESCONTRAIR 43
APROVEITANDO O TRABALHO 43
EXCELENTE SAÚDE SOCIAL 44

MENOS DOENÇAS 45

Conclusão 46

Parte 2 48

Introdução 49

QUEM SOU EU 49
COMO ME ENVOLVI COM YOGA E MEDITAÇÃO 49
BÔNUS ESPECIAL 54

Capítulo 1: O Que É A Meditação? 56

MINHA COMPREENSÃO PESSOAL DA MEDITAÇÃO 60

Chapter 2: Por Que A Meditação É Boa Para Sua Saúde 64

SETE SINAIS COMUNS DO ESTRESSE E SEUS RISCOS 65
O ESTRESSE MATA. O QUE VOCÊ PODE FAZER PARA MUDAR SUA VIDA? 67
OS BENEFÍCIOS CIENTÍFICOS DA MEDITAÇÃO 68

Capítulo 3: Obstáculos Mais Comuns Que As Pessoas Enfrentam 71

OBSTÁCULO UM: MENTE OCUPADA 71
OBSTÁCULO DOIS: ESTAR CANSADO(A) E CAIR NO SONO ENQUANTO MEDITA 75
OBSTÁCULO TRÊS: ROTINA MUITO CHEIA, IMPEDINDO QUE SE TENHA TEMPO PARA MEDITAR 76
OBSTÁCULO QUATRO: POSTURA 80

Capítulo 4: Erros A Serem Evitados Na Meditação 84

CINCO ERROS A SEREM EVITADOS AO SE MEDITAR 84
1° ERRO DA MEDITAÇÃO A SER EVITADO: VOCÊ ESPERA UMA TRANSFORMAÇÃO INSTANTÂNEA 85
2° ERRO DA MEDITAÇÃO A SER EVITADO: A FALTA DA PRÁTICA REGULAR 87
3° ERRO DA MEDITAÇÃO A SER EVITADO: ACÚMULO DE ESTRESSE, FADIGA E TENSÃO NO SEU CORPO 88

4° ERRO DE MEDITAÇÃO A SER EVITADO: FALTA DE CONSCIÊNCIA E FOCO DURANTE O SEU DIA 90
5° ERRO DE MEDITAÇÃO A SER EVITADO: COMPARAR SUAS EXPERIÊNCIAS COM AS DOS OUTROS 92

Capítulo 5: Um Guia Simples Para Meditar Com Facilidade 95

SIGA ESTE SIMPLES GUIA DE SETE PASSOS PARA MEDITAR COM FACILIDADE 95
PASSO 1: ENCONTRE UM LUGAR SILENCIOSO ONDE VOCÊ POSSA PRATICAR SEM INTERRUPÇÕES, E DEFINA SUA INTENÇÃO 96
PASSO 2: RELAXE O SEU CORPO 97
PASSO 3: ACALME A SUA MENTE 98
PASSO 4: AVALIE SUA POSTURA 98
PASSO 5: FOQUE NA SUA RESPIRAÇÃO DIÁRIA 99
PASSO 6: RESPIRE CONSCIENTEMENTE POR 2 A 5 MINUTOS 100
PASSO 7: SORRIA E APROVEITE O MOMENTO ☺ 101

Capítulo 6: A Forma Mais Fácil De Meditar 102

QUAL É A FORMA MAIS FÁCIL DE MEDITAR? 102
OS BENEFÍCIOS DOS BONS HÁBITOS DA RESPIRAÇÃO COMO AUXILIADORES DA MEDITAÇÃO 103
TRÊS BENEFÍCIOS DOS BONS HÁBITOS DE RESPIRAÇÃO 104
VOCÊ SABE QUAL O PODER DA SUA RESPIRAÇÃO? 104
O QUE SÃO EXERCÍCIOS DE RESPIRAÇÃO DO YOGA? 105
O QUE ACONTECE COM A RESPIRAÇÃO QUANDO ESTAMOS CHATEADOS E COM RAIVA? 106
POR QUE A RESPIRAÇÃO DO YOGA É TÃO IMPORTANTE? 106
O QUE ACONTECE COM O CORPO QUANDO RESPIRAMOS CORRETAMENTE 107

Capítulo 7: Formas Rápidas E Fáceis De Meditar 110

SETE FORMAS RÁPIDAS E FÁCEIS PARA PRATICAR A MELHOR MEDITAÇÃO DE TODAS 110
1ªmelhor Dica De Meditação – Seja Realista *111*
2ªmelhor Dica De Meditação – Seja Amável *111*
3ªmelhor Dica De Meditação – Respire *111*
4ªmelhor Dica De Meditação – Seja Criativo(A) *112*

5ªmelhor Dica De Meditação – Sorria.............................. 112
6ªmelhor Dica De Meditação– Peça Ajuda 112
7ªmelhor Dica De Meditação – Confie 113

Capítulo 8: Seção Especial Bônus 114

1ᴬ MEDITAÇÃO GUIADA: ALIVIE A TENSÃO E ACALME SUA MENTE 115
2ᴬ MEDITAÇÃO GUIADA: EXERCÍCIOS DE RESPIRAÇÃO CONSCIENTE PARA TRANQUILZAR SEUS DIAS 117
3ᴬ MEDITAÇÃO GUIADA: REDUZINDO A FADIGA, A FRUSTRAÇÃO, E SENTINDO-SE MELHOR A CADA NOVO DIA 119
4ᴬ MEDITAÇÃO GUIADA: PARA A PAZ INTERIOR, FELICIDADE E CALMA
.... 121
TRÊS EXERCÍCIOS DE RESPIRAÇÃO CONSCIENTE QUE AJUDAM A MEDITAR COM FACILIDADE 124
RESPIRAÇÃO DIAFRAGMÁTICA 125
EXERCÍCIO DE RESPIRAÇÃO POR UMA NARINA PARA A CALMA PROFUNDA 127
RESPIRAÇÃO DAS NARINAS ALTERNADAS 129
O Que É A Respiração Das Narinas Alternadas? 129
Quando Praticar A Respiração Das Narinas Alternadas?. 129
Como Praticar A Respiração Das Narinas Alternadas? 130
Diretrizes Simples Para A Prática Da Respiração Das Narinas Alternadas 130
Há Seis Passos Fundamentais Para Completar Uma Prática Da Respiração Das Narinas Alternadas. 131
EXERCÍCIO ESPECIAL DE RESPIRAÇÃO PARA CRIANÇAS — A RESPIRAÇÃO DA ABELHINHA E O RUGIDO DO LEÃO! 133
1° Exercício Para Crianças: A Respiração Da Abelhinha ... 133
2° Exercício Para Crianças: O Rugido Do Leão 134

Exercícios De Respiração Para Quem Não Consegue Ficar Parado 136

6 Técnicas Dinâmicas/Ativas Para Pessoas Que Odeiam Ficar Paradas 137
1. Meditação Em Movimento Guiada 137
O QUE É UMA MEDITAÇÃO EM MOVIMENTO GUIADA? 138
COMO CAMINHAR E ACALMAR A SUA MENTE 139

2. Duas Meditações Conscientes Comendo 142
3. Tricô Pensativo Ou Trabalhos Manuais 147
4. Meditação Pela Escrita 147
5. Na Natureza, Olhando Para O Céu 149
6. Meditação Colorindo Mandalas 151

Conclusão 153

PARTE 1

Introdução

Você já ouviu falar de meditação?

Você provavelmente sabe. Centenas de milhares de pessoas praticam diariamente. Mas você sabe o que é e como praticá-lo? Provavelmente você está interessado em começar se você pegou este livro ou talvez esteja curioso sobre por que seus amigos ou familiares estão fazendo isso. Qualquer que seja seu motivo, você encontrará as respostas neste livro.

Você descobrirá o que é meditação, por que é benéfico, os tipos de meditação, como praticá-la e muito, muito mais!

O QUE É MEDITAÇÃO?

Na cultura ocidental, a meditação se confunde com uma maneira de outras atividades que aliviam o estresse. Algumas pessoas são conhecidas por dizer que a corrida ou a jardinagem são meditação, mas estão enganadas. A meditação não é simplesmente pensar em uma coisa ou fazer algo relaxante, é muito mais do que isso.

A meditação deriva de duas palavras latinas, meditari e mederi. Meditari significa pensar ou insistir e exercitar a mente. Mederi significa curar. A derivação sânscrita medha se traduz em sabedoria. Então você vê, meditação literalmente significa exercitar a mente e curar.

Existem vários estágios de meditação verdadeira, mas parece que as aulas ensinam apenas um ou dois desses estágios e não tocam nos outros. Os verdadeiros estágios da meditação incluem:

- Posição Física

- Controle da respiração

- Relaxamento
- Concentração

- Contemplação

- Absorção

Você não precisa atingir todos eles separadamente, e pode alcançá-los todos de uma vez, se praticar a meditação corretamente. Algumas aulas ensinarão técnicas de relaxamento, enquanto outras simplesmente farão você ficar quieto e aguardar a absorção. Com a verdadeira meditação, você deve ser capaz de praticar tudo isso sem sacrificar o outro.

Meditação não é o seguinte:

- Contemplação: Meditação não é envolver a sua mente para pensar em uma determinada ideia. Quando você medita, você não está pedindo à sua mente para pensar em uma coisa, mas para ir além do pensamento. Você está pedindo a sua mente para descansar.

- Hipnose: Há um equívoco comum de que a meditação é muito parecida com a hipnose, na qual você está sugerindo que sua mente faça alguma coisa. Meditação é sobre observar sua mente e deixá-la quieta e calma. É sobre explorar os níveis mais profundos do seu ser, não sobre manipulá-los.

- Religião: a meditação não se identifica com nenhuma religião. Aqueles que se identificam com uma religião podem e praticam a meditação e aqueles que também não praticam meditação. Embora existam muitas religiões que praticam alguma forma de meditação, elas não reivindicam essa técnica.

- Paz instantânea: A verdadeira paz de espírito e a falta de consideração não são instantâneas. É preciso muito tempo, prática e compreensão para alcançar esse processo de pensamento ou a falta dele.

Então, agora que você sabe o que é a verdadeira meditação, quais são alguns dos benefícios da meditação?

- Modelos de moda e estrelas de cinema usam a meditação como parte de seu regime de beleza, porque direciona o fluxo de sangue para a parte do corpo em que estão pensando, e quanto melhor o fluxo de sangue, melhor as células se regeneram.

- Os atletas usam a meditação para se concentrar no que eles vão conseguir naquele dia na prática ou no jogo deles. Seu corpo físico e mental é um e eles são capazes de utilizar seu corpo em todo o seu potencial.

- A meditação também traz muitos benefícios para a saúde, como:

- ° Menor consumo de oxigênio
- ° Taxa respiratória diminuída

- ᵒ Aumento do fluxo sanguíneo e diminuição da frequência cardíaca
- ᵒ Aumento da tolerância em pacientes cardíacos

- ᵒ Níveis mais profundos de relaxamento alcançados

- ᵒ Níveis de pressão arterial reduzidos

- ᵒ Redução dos ataques de ansiedade, reduzindo os níveis de lactato no sangue
- ᵒ Diminuição da tensão muscular e dores de cabeça

- ᵒ Maior autoconfiança

- ᵒ Aumento da produção de serotonina para humor e comportamento

- ᵒ Alergias, artrite e outras doenças crônicas

- ᵒ Síndrome pré-menstrual

- ° Cura pós-operatória

- ° Sistema imunológico aprimorado

- ° Atividade reduzida de vírus e sofrimento emocional

Então, como você pode ver, a meditação é benéfica para quase todos. A menos que você viva uma vida completamente livre de estresse e doença, você pode se beneficiar de alguma forma de praticar a meditação diariamente. Então, vamos dar uma olhada em algumas formas de meditação.

Os diferentes tipos de meditação

Existem centenas de diferentes tipos de meditação por aí. Existem diferentes maneiras de sentar, respirar e treinar sua mente durante a meditação, mas todas elas tentam chegar a um resultado final: alcançar a paz de espírito. Neste capítulo, vou falar sobre alguns dos diferentes tipos de técnicas de meditação que são as mais populares, mas lembre-se de que existem centenas de outras que você pode pesquisar e escolher por conta própria.

MEDITAÇÃO MANTRA

Meditações de mantra geralmente são realizadas com o Guru, mas você não precisa participar de uma aula para encontrar seu mantra. Eles também são comumente confundidos com religião, mas você não precisa fazer parte de um grupo religioso para realizar a Meditação Mantra. Então, primeiro, o que é um mantra?

Um mantra é um grupo de vibrações sonoras que afetam sua consciência mental e psíquica. Você pode escolher seu mantra se você não tiver um Guru presente. Uma coisa importante a lembrar quando você está escolhendo um mantra é que ele tem que apelar para sua mente quando é falado verbalmente. Isto é porque os mantras criam uma vibração poderosa que é a direção dos chakras certos para atrair as forças divinas. Eles também pensam em curar misteriosamente o corpo espiritual, psicológico e físico. Portanto, seu mantra deve ser algo que você gosta de falar ou cantarolar para que funcione plenamente.

Se o seu mantra é dito em uma língua estrangeira, é melhor não o traduzir porque o poder do mantra não está nas palavras, mas nas vibrações que as palavras criam quando são faladas ou pensadas.

Quando você pratica um ritual de meditação mantra, é melhor praticá-lo por um período de uma semana; dez minutos por dia para ter certeza de que o mantra é certo para você. Se parecer fora, então você precisa mudar isso.

A meditação transcendental é na verdade uma forma de meditação mantra onde os participantes recebem seu mantra pessoal. Além disso, Japa Mala é uma forma de meditação que usa mantras. O participante tem um rosário de contas e cada vez que o mantra é repetido, o cordão é virado e um novo está disponível. O rosário consiste em cento e oito contas. Esta forma de meditação é uma das mais recomendadas para iniciantes.

Trataka

O termo literalmente se traduz em olhar fixo, e é uma técnica de meditação muito simples.

Tradicionalmente, uma chama de vela é usada para a prática do Trataka. O participante pode escolher outro objeto, pois você não deve praticar com uma chama de vela por mais de dois meses, porque a exposição à luz direta pode causar danos na retina.

A vela ou objeto é montado no comprimento do braço e no nível dos olhos, para que você não tenha que olhar para cima ou para baixo, apenas para frente. A observação constante é realizada com os olhos abertos e, depois de algum tempo, os olhos são fechados e a imagem da chama é contemplada pela visão interna. Nenhum movimento é permitido durante a prática de meditação e a respiração constante deve ser praticada.

Se você estiver usando uma vela, o olhar precisa ser fixado na ponta do pavio e não na chama. Existem estandes Trataka que você pode comprar, mas você pode colocar a vela em qualquer lugar que esteja ao mesmo nível do seu olhar.

Alguns benefícios desta meditação incluem:
- Melhora a visão deficiente e as habilidades de visualização.

- Desenvolve concentração e determinação mental.

- Desenvolve a capacidade de se concentrar.

- Desenvolve o poder da intuição ou o olho psíquico.

MEDITAÇÃO DOS CHAKRAS

A meditação dos Chakras se concentra em diferentes pontos do corpo e pode ser feita sozinha ou com um profissional. É uma técnica de meditação relativamente simples de se realizar e é usada por muitas celebridades e modelos quando eles tentam curar uma determinada parte do corpo. Para realizar a meditação dos chakras, comece com o seguinte:

- Sente-se ou deite-se de costas. Somente deite se tiver certeza de que não vai dormir.

- Feche os olhos e ajuste-se para ficar confortável.

- Deixe sua respiração diminuir, aprofundar e relaxar, mas não tente controlá-la.

- Depois de se instalar, comece com Uijayipranayama.
- ° Inale pelo nariz e expire pela boca lentamente. Ao expirar, produza o som "Haaaa".
- ° Agora, mantenha a boca fechada e inspire novamente. Ao expirar, produza o mesmo som, mas não abra a boca. Sinta a vibração desse som em sua garganta.
- ° Mantenha a posição da garganta ao inspirar e produzir o mesmo som que está inalando.
- ° Inale a uma taxa de cerca de cinco batimentos cardíacos e expire na mesma velocidade. Sua respiração deve ser equilibrada.
- ° Agora, levante os braços ao inspirar e deixe-os cair suavemente enquanto você expira.

- ᶜ Deixe as mãos repousarem no seu colo e concentre-se na sensação no fundo da garganta. Você deve sentir uma sensação de formigamento que é conhecida como prana ou energia vital.

- Depois de dominar o pranayama de Uijayi, você pode começar a perceber as respirações na sua coluna, de baixo para cima. Suba pela espinha com a inspiração e desça com as suas expirações.

- Localize os chakras desse canal.

- ᶜ Chakra Raiz: localizado na base da coluna, na área do cóccix.

- ᶜ Chakra Sacral: localizado no baixo-ventre a cerca de duas polegadas abaixo do umbigo e a duas polegadas no interior.

- ᶜ Chakra do Plexo Solar: localizado no abdome superior na região do estômago.

- ° Chakra do Coração: Localizado no centro do peito logo acima do coração.

- ° Chakra da Garganta: localizado na garganta.

- ° Terceiro Chakra do Olho: localizado na testa entre os olhos.

- ° Chakra da Coroa: localizado no topo da sua cabeça.

- Sinta a localização de cada chakra e repita mentalmente os nomes deles enquanto passa por eles.

- Pouco antes de terminar, solte o som da respiração e os nomes. Então cante "Om" três vezes.

MEDITAÇÃO VIPASSANA

A palavra vipassana se traduz em "discernimento", que significa ver as coisas como elas realmente são através de um processo de auto-observação.

O método da vipassana é geralmente realizado em um período de dez dias. Os participantes se abstêm de todas as atividades que não envolvem discernimento, como escrever, falar e ler. Durante este processo, você deve reservar quinze minutos e encontrar um lugar tranquilo. Sente-se com as costas contra a parede de pernas cruzadas e tome consciência da sua respiração. Tome nota mental de como você está se sentindo e do que está vivenciando no momento. Simplesmente esteja ciente de como você está se sentindo e do que está sentindo ao seu redor.

Levante-se lentamente depois de dez a quinze minutos.
Vipassana permite que você reconheça suas emoções sem julgamento, e então você pode controlá-las melhor quando não está meditando. É comumente usado para

pessoas que estão sob muito estresse ou experimentam explosões emocionais.

Zazen

O zazen é a prática zen que o Buda realizou. Neste método, o praticante senta-se em posição de lótus com as costas retas e as costas em um travesseiro. O queixo é dobrado e o peso do corpo é igualmente distribuído em ambas as pernas. Durante o Zazen, práticas especiais de respiração são aplicadas e a mente pode vagar, mas os pensamentos são postos de lado quando são triviais.

Nada Yoga

Nada yoga é muito original, pois usa os polegares para tapar os ouvidos. Você simplesmente senta em uma posição confortável, seja no chão ou em uma cadeira, e coloca os polegares nos ouvidos para bloquear todos os ruídos externos. Então você se concentra nos ruídos internos do seu corpo e se concentra neles. Os sons serão fracos e ficarão mais altos à medida que você pratica, o que permite que você se torne focado internamente.

COMO SE PREPARAR PARA FICAR COM O HÁBITO DA

MEDITAÇÃO

Assim como qualquer outro hábito, a meditação é uma mudança de estilo de vida. Hábitos são algo que você executa regularmente sem ter que pensar sobre isso. Algumas pessoas correm diariamente, e outras pegam um cigarro quando estão estressadas. Esses são exemplos de bons e maus hábitos. A meditação pode se tornar um excelente hábito para você se candidatar quando estiver estressado ou fora de si.

Então vamos falar sobre como formar um hábito. Isso se aplica não apenas à meditação, mas a qualquer outro hábito que você gostaria de formar.

CRIAR MICRO-COTAS E METAS DE MACRO

Você sabia que a motivação interna é mais eficaz que a motivação externa? Estudos mostraram que as pessoas mais inclinadas a sonhar grande têm uma melhor capacidade de criar hábitos porque estão formando hábitos que estão alinhados com seus objetivos. Portanto, quando você está tentando criar um hábito, você deve ter um objetivo macro e micro cotas.

As cotas Micro são a quantidade mínima de trabalho que você precisa fazer todos os dias para atingir sua meta macro. Portanto, se você tem uma meta macro de atingir a consciência sem pensamentos, então você precisa criar micro quotas de praticar meditação pelo menos quinze minutos todos os dias.

CRIAR CADEIAS DE COMPORTAMENTO

Criar planejamento se-então é muito mais eficaz do que se dizer um conceito vago. Você deve usar sua rotina atual para criar um hábito, porque você já tem algo no lugar. Por exemplo, se você quer perder peso e comer mais saudável, da próxima vez diga a si mesmo: "Se for hora do jantar, eu só comerei carnes e vegetais." Ao fazer isso, você está dizendo algo específico que você quer fazer e você está amarrando isso na sua rotina atual.

Conectar seus comportamentos juntos lhe dará pistas sobre o que deve acontecer a seguir. Então, se você quiser meditar à noite, diga a si mesmo: "Se você já escovou os dentes e vestiu o pijama, então é hora de meditar por quinze minutos".

ELIMINAR OPÇÕES EXCESSIVAS

Existe um grande poder em ser chato. Isso parece algo de um filme de ficção científica, mas é verdade. Albert Einstein tinha os mesmos trajes que usava todos os dias, porque sua mente estava ocupada demais em outros lugares para pensar sobre as roupas que ele queria usar naquele dia. Ele também esqueceu de pentear o cabelo também, mas acho que o público em geral não deveria ir tão longe. No entanto, há sabedoria no que ele estava fazendo. Ele estava dando a sua mente uma pausa de ter que tomar pequenas decisões durante todo o dia e permitir que ele tomasse decisões sobre as coisas que realmente importavam para ele.

Então, se você quiser dar um descanso ao seu cérebro ou permitir que ele se concentre em coisas mais importantes, leve o mesmo almoço para o trabalho todos os dias ou pare de ter tantas opções de roupas. Ao fazer isso, você será capaz de se concentrar mais nos hábitos que você quer formar, como comer mais saudável ou praticar meditação.

PLANO DE PROCESSOS

Se você quer um hábito para ficar, primeiro você tem que responder por que você quer em primeiro lugar. Estudos demonstram que as pessoas que fantasiam demais sobre os hábitos nunca as realizam. Portanto, você precisa saber por que está começando o hábito e começar a fazê-lo. O truque está em como você visualiza o que vai fazer e por quê.

Estudos mostraram que pessoas que se imaginavam indo a Paris e falando em francês eram menos propensas a aprender a língua. Pelo contrário, aqueles que pensavam e se visualizavam aprendendo francês todos os dias depois do trabalho tinham maior probabilidade de sucesso. É tudo sobre o que você está visualizando.

ELIMINE OS MOMENTOS "NÃO VALE A PENA O ESFORÇO"

O objeto mais prejudicial em nosso caminho para criar um hábito é nós mesmos e nossos momentos "não vale a pena o esforço". A mudança é difícil e criar um hábito está mudando uma parte de você. Quando estragamos apenas uma vez, tendemos a aplicar o "não vale a pena o esforço" e desistimos.

Em vez de desistir, você deve examinar por que ficou aborrecido com a formação desse novo hábito. Por exemplo, você começou um novo hábito de acordar de manhã e ir para a academia, mas nove entre dez vezes não funcionou. Examine o que está errado. Talvez você descubra que não quer sair da cama e vestir suas roupas de ginástica porque elas estão em um armário no final do corredor, onde está frio. Você pode colocar suas roupas de ginástica em seu quarto na noite anterior para não precisar entrar no frio para colocá-las.

Use sua estratégia If-Then para eliminar os momentos que estão fazendo você desistir de seu novo hábito. Por exemplo, se você acha que está se esforçando para se dedicar à meditação porque volta para casa do trabalho e está exausto, mova seu novo hábito para a manhã ou tire uma soneca de dez minutos antes de começar.

Então você tem isso! Os cinco passos que o ajudarão a formar qualquer tipo de hábito, seja meditação ou algo completamente diferente.

COMO MEDITAR COMO UM NOVATO

Meditação como um iniciante pode ser difícil e, portanto, você deve saber algumas dicas antes mesmo de começar sua prática. Depois, abordaremos como iniciar uma prática simples de meditação para começar.

- Faça da meditação uma prática formal. Você não criará um hábito com essa prática se não reservar um período de tempo específico em um horário definido durante o dia para ficar quieto. Você deve começar fazendo isso duas vezes por dia, a fim de mantê-lo concentrado nele.

- Comece com apenas tentando respirar. Quando você respira lentamente, você diminui o ritmo cardíaco e relaxa os músculos. Isso ajudará você a focar sua mente e é uma maneira ideal de começar.

- Estique antes de começar para que você possa soltar seus músculos e tendões. Isso permitirá que você se sente ou deite de forma mais confortável, e o alongamento colocará você no clima. Você estará prestando atenção extra ao seu corpo.

- Não medite à toa. Você deve meditar com um propósito porque a meditação é um processo ativo. Você está focando sua atenção em um único ponto e isso pode ser difícil.

- Reconheça sua frustração e deixe passar. Você vai se perguntar por que você está fazendo isso ou por que você não consegue aquietar sua mente, mas permitir que essa frustração apareça e desapareça como se você estivesse deixando sua respiração ir e vir. Não deixe que suas frustrações o impeçam do sucesso.
- Experimente com diferentes tipos de meditações. Existem centenas de diferentes posturas de meditação eficazes, padrões de respiração e exercícios mentais. Há um que você goste, então não tenha medo de desistir de um método e passar para o próximo.
- Quando você descobre que sua mente está finalmente começando a se acalmar, comece a sentir as diferentes partes do seu corpo. Isso ajudará sua mente a ficar quieta enquanto você

está começando e é uma ótima maneira de praticar a meditação dos chakras.

- Escolha uma sala ou área específica em sua casa que você vai meditar. Esta sala não deve ser onde você trabalha, come ou dorme, pois são distrações e fazem você se sentir muito confortável ou estressado demais. Você deve encontrar uma sala onde possa colocar apetrechos espirituais ou calmantes para ajudá-lo a sentir-se e a ficar à vontade.

- Leia mais de um livro sobre meditação! Você ficará chocado com a quantidade de informação que está por aí e vai querer tudo antes de começar a mediar. Isso ajudará você a se sentir motivado e motivado nos dias em que não deseja meditar.

- Perceba que esta é uma prática ao longo da vida e você tem que se comprometer a longo prazo. Você pode levar anos para dominar a meditação e, mesmo assim, vai vacilar. Ninguém é

perfeito e a meditação é uma atividade contínua de aprendizado.
- Ouça fitas instrucionais e CD's para ter uma boa ideia do que você deve fazer. Você pode não perceber que é um aprendiz auditivo e ter instruções verbais é muito mais fácil de se trabalhar.
- Crie momentos durante o dia em que você está ciente de suas respirações. Ao fazer isso, você està se concentrando em estar presente e isso o ajudará a entender o que você está tentando alcançar quando estiver meditando em casa. Além disso, é uma ótima maneira de aliviar o estresse!

- Certifique-se de que você não será perturbado durante o dia em que estiver meditando ou à noite. Elimine todas as distrações que possam tirar você do seu estado meditativo, como telefores tocando, crianças barulhentas e alarmes disparados. Escolha um horário durante o dia ou a noite em que todos farão algo quieto para que você possa se concentrar.

- Observe quaisquer pequenos ajustes que você possa fazer em sua postura ou em sua respiração e veja como eles o afetam. Às vezes, apenas uma pequena mudança nos músculos pode deixá-lo mais confortável e ajudá-lo a se concentrar.
- Use uma vela, mesmo se você não estiver fazendo Trataka. Às vezes, meditar com os olhos fechados e ser um grande desafio, porque você está muito concentrado em seus pensamentos. Tente usar uma vela ou apenas olhe para uma árvore e tente se concentrar nisso enquanto medita.
- Não se preocupe com o que acontece antes, durante ou depois da meditação! Em algum momento, essa é a parte mais difícil para iniciantes, porque eles querem tanto ser perfeitos na primeira vez que meditam. Lembre-se, esta é uma prática em curso e eu vou ter tempo e dedicação para chegar a um estado de consciência pacífica.

- Ache um companheiro. Às vezes, é melhor encontrar um parceiro que o ajude a se concentrar em vez de alguém que o distraia. Mesmo se concentrar em sua respiração, em vez de sua própria, pode ser útil.
- Medite de manhã. Você terá menos preocupações enquanto medita, é mais silencioso e há menos chance de ser incomodado. Tente levantar-se apenas meia hora antes do habitual para meditar antes que alguém na casa se levante.
- Seja grato pela oportunidade que você teve de meditar. Pode parecer bobo, mas ter um sentimento de apreciação fará com que você se sinta positivo em relação a toda a experiência, e você terá mais chances de fazer isso novamente no futuro.
- Esteja ciente de quando o seu interesse pela meditação diminui. Em algum momento você vai se sentir frustrado ou apenas desinteressado no tópico da meditação. Basta trazer os livros, CDs e outras pesquisas que você fez sobre o

assunto e lembrá-lo dos benefícios. Isso ajudará você a se sentir motivado para continuar.

TÉCNICA DE MEDITAÇÃO PARA INICIANTES

Esta técnica apenas se concentra em sua respiração e permite que você acalme sua mente antes de começar a cair em um estado de meditação profunda. Lembre-se de que essa é a parte mais difícil e levará muito tempo até que você consiga entrar em um estado de meditação.

- Sente-se em algum lugar que seja confortável, silencioso e livre de distrações.

- Respire profundamente em uma saída.

- Conscientize as sensações físicas que você está experimentando e inspire e expire ao fazê-lo. Se sua mente vagar nesse estágio, simplesmente traga de volta para o que você está fazendo no presente sem julgamento.

- Observe como o seu corpo está se expandindo e contraindo enquanto você está inspirando e expirando.
- Faça respirações pelo nariz e pela boca e demore-se em como se sente.
- Esteja ciente da quietude ao seu redor a cada pausa na respiração.
- Continue a recuperar sua respiração enquanto seus pensamentos assumem o controle.

- Encerre a sessão de meditação com um sentimento de gratidão ou mesmo uma oração, se você é religioso.

É tão fácil; embora não pareça fácil quando você está tentando. Lembre-se de que você vai cometer erros e seus pensamentos irão interromper, mas você sempre pode voltar à sua respiração.

COMO SUBIR PARA NÍVEIS MAIS ALTOS DE MEDITAÇÃO

O nível mais alto de meditação é conhecido como iluminação. A iluminação é a capacidade de se sentir em harmonia com o universo. É um estado de pensamento superior e de ser documentado na ressonância magnética, mas é indescritível para as pessoas que o experimentaram. Existem muitas maneiras de alcançar a iluminação. Vou dar uma breve descrição dos diferentes tipos de meditação que foram usados para chegar a esse ponto, mas lembre-se de que não é realmente a técnica, mas o estado consciente do indivíduo.

Na maioria dos casos, aqueles que alcançaram o mais alto nível de meditação são monges budistas em mosteiros. Eles conseguem atingir esse estado de espírito porque meditam várias vezes ao dia e, em alguns casos, estão em constante estado de meditação. Significa que eles estão sempre no presente e nunca pensam no passado ou no futuro. Toda atividade que eles realizam é uma atividade de meditação.

MEDITAÇÃO MINDFULNESS

A atenção plena, também conhecida como Vipassana, é a forma de meditação que a maioria dos monges budistas usa. É uma das formas mais populares de meditação e é realizada por estar ciente de tudo o que está ao redor e dentro de você. O foco de Vipassana é estar presente onde e quando você estiver. Permite que você deixe sua mente correr livremente e observe seus pensamentos sem permitir que o julgamento caia sobre eles. Você está em plena aceitação de seus pensamentos, sejam eles bons ou ruins. Na verdade, eles nunca são vistos como bons ou ruins durante a Vipassana.

Esta tradição tem cerca de 2.500 anos de história, mas é muito mais antiga. Quando você está na prática de observar seus pensamentos, você não está mais sendo controlado por eles. Isso permite que você acalme e acalme sua mente, o que pode levar à iluminação.

MEDITAÇÃO SENTADA

Também conhecido como Zazen, outra forma de meditação que ficou famosa pelos monges budistas, a meditação sentada é toda sobre encontrar a iluminação através de uma cessação consciente de todo pensamento na mente. Os koans ou enigmas zen foram criados para impedir que a mente responda. Um exemplo de um deles pode ser: "Qual é o som de uma mão batendo palmas?" Não há resposta para isso, pois uma mão não pode fazer um som enquanto bate palmas, deve haver dois envolvidos, e a falta de uma resposta serve para ajude sua mente a se acalmar a um estado não-pensante.

Este método de meditação é frequentemente chamado de "apenas sentado" porque você é intencionalmente apenas para se sentar e não pensar. Este método levou milhares de pessoas à iluminação.

MEDITAÇÃO ANDANDO

Essa forma de meditação pode ser realizada enquanto você está andando da mercearia de volta ao seu veículo. Você usa a ação de andar como seu foco, em vez de respirar, e isso permite que você se concentre em todas as partes do corpo. Essa plena consciência do seu corpo e a cessação dos pensamentos em sua mente podem levá-lo à iluminação.

Simplesmente se concentre em sua caminhada e como seus pés estão batendo no chão. Sinta a vibração de cada passo subindo pela perna e subindo todo o tronco até o alto da cabeça.

MEDITAÇÃO TRANSCENDENTAL

Essa é uma das formas mais comuns de meditação que são usadas para entrar em um estado de iluminação. Também é conhecido como Vedanta, que é uma forma de meditação em que a pessoa se senta em uma posição confortável em um travesseiro pequeno, seja na posição Lotus ou Half-Lotus. É diferente da meditação Zazen, porque é mais confortável e o corpo não é tão rígido. Um guru atribui um mantra a você ou você pode atribuir um a si mesmo, e esse mantra é repetido mentalmente ou em voz alta por um determinado período de tempo.

A ideia da meditação transcendental é fazer com que a mente humana se aproxime da iluminação o máximo possível sem alcançá-la. Você está pensando apenas uma coisa, o que significa que você está muito perto de alcançar o pensamento de nada. Portanto, você pode experimentar uma experiência fora do corpo que é um precursor da iluminação. Muitos praticantes de meditação transcendental alcançaram a iluminação.

Kundalini

Essa forma de meditação se concentra em seus chakras. A crença é que existe uma força libidinal conhecida como Shakti, que está na base da espinha. Quando você desperta essa parte enrolada da sua espinha, você desperta a iluminação e a felicidade. Essa forma de meditação faz com que você se concentre nos sentimentos dentro do corpo e na respiração.

Qigong

Essa forma de meditação deriva do tai chi. Ela remonta a mais de quatro mil anos na China antiga e é conhecida por trazer seus praticantes à iluminação através do equilíbrio ou energia vital conhecida como chi. É uma meditação em movimento ou em pé muito relaxante que se concentra nos sentimentos do corpo.
A melhor maneira de alcançar uma forma mais elevada de meditação é praticar

diariamente e torná-la uma prática significativa. Você tem que fazer um grande esforço para obter uma grande recompensa. Lembre-se de que trabalhar para a iluminação é o objetivo final da meditação, mas pode levar de alguns anos a uma vida inteira para alcançá-la.

COMO CONSTRUIR UM ESTILO DE VIDA SAUDÁVEL EM TORNO DO SEU HÁBITO DE MEDITAÇÃO

Muitas vezes começamos um hábito sem a intenção de começar os outros, mas a meditação tem uma maneira de infiltrar-se no resto de nossas vidas. Isso nos ajuda a formar hábitos mais saudáveis que, por sua vez, nos dão um estilo de vida saudável. Muitos relataram comer mais saudáveis e ter uma boa noite de sono apenas começando o hábito da meditação. Vamos analisar estas mudanças de estilo de vida um pouco mais de perto.

COMENDO MAIS SAUDÁVEL

A comida é uma fonte importante de energia e comer a quantidade certa e o tipo certo ajuda a determinar a nossa saúde. Na maioria das vezes nós pegamos comida apenas para abafar um mau humor ou para mimar nosso paladar, mas acabamos comendo algo que não é saudável para nós. As pessoas que começaram a meditar relatam que estão mais saudáveis porque seus corpos estão exigindo alimentos mais saudáveis. Eles não tinham que tomar uma decisão consciente para começar a comer mais saudável, eles subconscientemente queriam.

QUANTIDADE E QUALIDADE DO SONO

A meditação é uma maneira natural de se aca mar antes de ir para a cama. Ele ajuda sua mente subconsciente a parar de processar tanta informação para que você possa cair no sono REM muito mais rapidamente. Então porque isso acontece? Porque seu corpo produz menos hormônios relacionados ao estresse quando você medita diariamente. Portanto, você estará dormindo mais profundamente e por longos períodos de tempo.

AUMENTO DOS NÍVEIS DE ATIVIDADE

Você já pensou que simplesmente não havia tempo suficiente no dia para fazer tudo, e fazer o melhor que podia? Todo mundo tem esse sentimento, mas o que eles não percebem é que a meditação os ajudará a aumentar seus níveis de energia. Basta levar de dez a quinze minutos quando você está se sentindo muito deprimido com algo que vai lhe dar energia e ajudá-lo a conseguir mais do que você jamais imaginou que poderia fazer em um dia realizado.

TEMPO SUFICIENTE PARA SE DESCONTRAIR

Quando seus níveis de atividade aumentarem, você se permite o tempo para relaxar, já que concluiu todas as suas prioridades naquele dia. A melhor maneira de relaxar no final do dia é sentar e meditar por vinte minutos com os olhos fechados. Isso lhe dará a chance de descansar sua mente e você se sentirá mais revigorado com suas atividades noturnas.

APROVEITANDO O TRABALHO

As pessoas que meditam descobriram que gostam mais do trabalho porque podem estar no momento. Eles podem fazer seu trabalho mais rápido e de melhor qualidade, pois estão focados no que estão fazendo e não no que seus colegas de trabalho estão fazendo. Quando você está mais concentrado, você é mais eficiente, o que significa que você é capaz de melhorar sua produção e produtividade.

EXCELENTE SAÚDE SOCIAL

Você já esteve em uma conversa com alguém que não parecia estar prestando atenção? Você já foi a pessoa que estava muito preocupada com o que você estava pensando em prestar atenção ao que outra pessoa estava dizendo? A meditação ajuda você a melhorar sua saúde social, permitindo que você se concentre no presente e no que está sendo dito por outra pessoa. Também ajuda você a se concentrar no que está sentindo e é mais capaz de ter empatia.

Sua saúde social é tão importante quanto sua saúde física porque somos criaturas sociais. Sem amigos e familiares para recorrer em tempos difíceis, somos infelizes. A meditação melhora sua capacidade de aceitar os outros e entender de onde eles vêm.

MENOS DOENÇAS

Sua meditação fará com que você se sinta menos estressado durante o dia, o que o ajudará a se sentir melhor e a ser melhor. O estresse é a causa número um de muitas doenças que afligem o corpo humano, então eliminá-lo ou pelo menos diminuir os níveis diariamente será bom para sua saúde. A meditação também foi mostrada para acelerar o processo de cura.

Conclusão

A meditação é uma prática contínua. Muitos monges budistas podem dizer-lhe que levará anos ou até mesmo uma vida inteira para atingir a iluminação, mas, no mínimo, você pode obter menos estresse em sua vida e ter um estilo de vida mais saudável. Meditação pode lhe dar isso.

Simplesmente escolha um horário durante o dia e faça com que seja um momento em que você se sentirá menos estressado e provavelmente será menos distraído. Então sente-se e respire profundamente algumas vezes. Tudo o que você precisa fazer é começar a respirar com consciência e depois passar para o resto do corpo depois de algumas semanas. Antes que você perceba, meditará por uma hora sem pensar em nada estressante!

Obrigado por ler este eBook sobre meditação. Se você gostou, por favor, deixe um comentário no site do seu provedor de e-book!

PARTE 2

Introdução

Quem Sou Eu
Meu nome éGabriyell Buechner. Sou dona do blog_Yoga Inspires_. O propósito do meu blog é apoiar, encorajar e ajudar pessoas ocupadas como você a entender os elementos básicos do yoga e da meditação como formas de aprender a relaxar, expandir a disponibilidade de energia e reduzir o estresse no dia-a-dia, o que significa que você se sentirá mais feliz, mais saudável e com mais energia para lidar com os altos e baixos da vida.

Como me Envolvi com Yoga e Meditação
Tive contato com o yoga pela primeira vez em 1991, enquanto estava grávida da minha filha mais velha. Minha doula estava preocupada com a minha saúde porque eu estava estressada e exausta,trabalhando por tempo integral como oficial de justiça em um distrito desafiador no interior de Londres. Ela recomendou que eu começasse a fazer yoga e aprendesse a relaxar. Eu estava

muito ocupada para ir às aulas, então comprei alguns livros e uma fita de relaxamento, mas isso não ajudou muito até que eu estivesse de licença maternidade e começasse as aulas pós-natais para aprender "como relaxar."
Em 1993 eu tive filhas gêmeas.
A vida se tornou um borrão, cheia de atividades.
Era um turbilhão implacável de trabalho. Aevolução na carreira, o cuidado da família, a luta para lidar com os efeitos de um aborto espontâneo (1992), a morte súbita de minha prima Sherry em 1995 e do meu irmão John, em 1997. Eu estava esgotada.
Não conseguia continuar correndo por aí, apagando incêndios sem ter tempo, espaço ou energia para respirar – ainda mais pensar!
Resumindo... meu trabalho sofreu, e meu supervisor sugeriu que eu procurasse um aconselhamento para perdas.
Durante essas sessões, meu guia sugeriu que eu praticasse exercícios de respiração, e posteriormente a meditação, para que

ajudassem a relaxar, reduzir meus níveis de estresse e – o mais importante – para que me ajudassem a dormir. Eu estava tendo problemas para dormir porque tinha fortes dores no peito e sofria para respirar o dia inteiro, especialmente quando estava sob pressão no trabalho. Levou um tempo para eu pegar o jeito com a meditação, porque minha mente estava tãaaaaaaaaao ocupada, e eu não conseguia ficar parada. Eu achava que estava sendo preguiçosa; eu tinha tantas outras coisas importantes para fazer. No entanto, com apoio e aconselhamento do meu guia e outros professores espirituais que conheci pelo caminho, perseverei e a meditação – agora também o yoga – se tornaram parte essencial da minha rotina diária.

Em 2000, participei de um curso de 12 meses de desenvolvimento pessoal e espiritual que incluío yoga diariamente e a prática da meditação.

Em 2003, inspirada pelas mudanças que a meditação e o yogatrouxeram para o meu bem estar, segui um chamado do fundo do meu coração por "mudança", e viajei para Kerala, Índia por seis semanas para aprender a ser uma professora de yoga Sivananda. Isso significou deixar minhas filhas novas para trás com meu marido por todas as seis semanas.

Em 2004 saí do meu trabalho estável, porém cansativo, de oficial de justiça para me tornar autônoma e trabalhar como professora de yoga. Naquele tempo, eu era muito inocente sobre os processos e percalços de se ter um negócio próprio. Eu olho para trás com frequência e penso, como tive a coragem e a fé de dar tal passo? E a resposta é sempre a mesma – meditação. Minha prática diária de meditação me ajuda a permanecer focada, a levantar dos meus tropeços, e me motiva e inspira a comparecer dia após dia, construindo meu negócio e seguindo meus sonhos. E agora, aquele chamado, aquela fé, me trouxeram até aqui, para compartilhar o que eu sei sobre a meditação com este livro. Legal demais, não é?

Tudo que você lê em *Meditação para Iniciantes* é baseado na minha prática pessoal e nos meus ensinamentos de yoga e meditação para outras mulheres super-ocupadas – a maior parte com mais de 50 anos. Essas mulheres estão estressadas e querem viver vidas calmas, saudáveis e felizes, e procuram formas de relaxar, encontrar a paz interior e sentirem-se melhores para que possam parar de correr por aí sentindo-se sobrecarregadas e, muito ao contrário, comecem a adotar e aproveitar uma forma de vida mais pacífica e simples.

Tudo que você lê nesse guia é baseado na minha jornada pessoal de yoga e da prática de meditação, além dos meus mais de 12 anos de experiência ensinando yoga e meditação para empresas, grupos comunitários e dando aulas particulares de yoga ministradas em residências do sudeste de Londres.

Neste livro, você aprenderá:

- O que a meditação é e por que ela é boa para sua saúde;

- Sete sinais comuns do estresse e seus perigos;
- Por que a meditação é boa para seu bemestar físico, emocional e mental;
- Os benefícios da meditação nas suas ondas cerebrais;
- Os quatro obstáculos mais comuns que iniciantes enfrentam quando meditam, e como superá-los;
- O poder da respiração como auxiliadora da meditação e da redução do estresse;
- Cinco erros comuns que a maior parte das pessoas comete ao meditar, e como superá-los;
- O processo de sete passos que deve ser seguido para meditar-se rapidamente e com facilidade.

BÔNUS ESPECIAL
- Quatro práticas de respiração guiadas para iniciantes meditarem facilmente;
- Três exercícios de respiração do yoga – além de dois exercícios de respiração recomendáveis a crianças que podem ser praticados com os filhos;

- Sete técnicas de meditação para pessoas que odeiam ficar paradas.

Podemos começar?

Capítulo 1: O que é a Meditação?

Para começar, vamos falar um pouco sobre "meditação."

Deixe-me oferecer uma visão geral da meditação para te dar uma ideia do sabor, da profundidade e do alcance da meditação.

A maior parte das pessoas têm uma ideia ou imagem do que é a meditação.

Talvez você tenha visto o filme e lido o livro *Comer, Rezar, Amar* por Elizabeth Gilbert.

Quando eu vi o filme, fiquei hipnotizada com a jornada espiritual de Elizabeth Gilbert pela Índia, e admirada ao vê-la adquirir uma compreensão mais profunda, conexão e aceitação própria através da meditação e da oração.

Ou talvez você tenha lido blogs ou revistas populares que expõem os maiores empreendedores e celebridades que meditam regularmente.

Por exemplo, nas postagens *Why The Most Famous People Meditate*, e *17 Insanely Successful Celebrities Who Meditate*

Daily (ambas em inglês), celebridades e políticos compartilham como a meditação os ajuda a conservar o sucesso, e o que a meditação significa para eles.

Enquanto fazia minha pesquisa para esta seção, passei por várias definições e explicações para a pergunta "O que é a meditação?"

Uma das descrições mais claras é oferecida pelo blogueiro e professor de meditação Giovanni Dienstman no blog *Live and Dare*.

Em seu artigo, *"What is Meditation and How to Start,"* Giovanni declara:

*Meditação é o exercício mental que regula a atenção. Ela é praticada com o foco da atenção em um único objeto, interno ou externo **(meditação com foco de atenção)** ou focando a atenção no que for predominante na sua experiência do momento presente, sem permitir que a atenção fique presa em algo em particular **(meditação de monitoramento aberto).***

Portanto, há dois modos de meditação: concreto (conhecido como saguna) e abstrato (nirguna). Na meditação concreta, você foca em uma imagem, foto ou outro objeto externo. Por exemplo, pode focar em uma rosa, ou em uma imagem religiosa.

Na forma abstrata de meditação, você medita com uma ideia ou conceito, como amor, beleza ou paz.

Para iniciantes, é mais fácil focar a meditação em uma imagem ou objeto externo, ou algo que se possa sentir fisicamente, como sua respiração ou miçangas *mala*. Meditar com uma ideia ou conceito abstrato, como o amor divino, bondade amorosa ou paz requer um nível maior de habilidade e concentração.

Seja sua prática feita sentado(a) ou de forma ativa, focando para dentro ou para fora, a chave é treinar sua mente para se concentrar no seu ponto de foco e, à medida em que você aprofunda sua prática e começa a meditar, você consegue ir mais fundo no silêncio e na quietude.

A palavra "meditar" significa pensar em algo profundamente.

No entanto, como Giovanni nos conta, quando as práticas orientais contemplativas foram "importadas" para a cultura ocidental, a meditação (por falta de palavra melhor) foi o termo usado para definir estas práticas.

"[...]hoje em dia, a meditação tem mais o significado do exercício de foco de atenção do que da reflexão profunda."

A explicação de Giovanni destaca a diferença entre a palavra "meditar" e as técnicas que usamos para meditar. A meditação é uma habilidade, e você usa técnicas diferentes que te ajudam a meditar.

E Swami Rama, em seu detalhado artigo *"The Real Meaning of Meditation,"* diz:

A meditação é uma técnica precisa para o descanso da mente e o alcance de um estado de consciência que é totalmente diferente do estado normal, quando estarmos acordados. É a forma de conhecer todos os níveis de nós mesmos e finalmente experimentar o centro da consciência dentro de si. A meditação não é parte de nenhuma religião; é uma

ciência, o que significa que o processo de meditação segue uma ordem particular, tem princípios definidos e produz resultados que podem ser verificados.
[...] Na meditação a mente fica clara, relaxada e focada no interior. Quando você medita, você está completamente acordado(a) e alerta, mas sua mente não está focada no mundo externo ou nos eventos que estão ocorrendo à sua volta. A meditação requer um estado interior que é imóvel e direcionado, para que a mente se silencie. Quando a mente está em silêncio e não te distrai mais, a meditação aprofunda-se.

MINHA COMPREENSÃO PESSOAL DA MEDITAÇÃO
Durante meu curso para ser professora de meditação, fomos ensinados que a meditação é como observar o mar em um dia claro e calmo. Quando você senta para meditar, você vê além do horizonte, consegue vislumbrar seu potencial infinito e a vastidão do mundo.

Durante a meditação, você "viaja para dentro" e, com prática, pode experimentar um sentimento completo de calma, esclarecimento e conexão consciente com toda a humanidade.

Enquanto treinava para ser uma professora de yoga, no Curso de Treinamento de Professores de Yoga Sivananda em Kerala, Índia, tivemos aulas de meditação teóricas e práticas todos os dias.

Eu ainda me lembro da sensação de reverência e conexão que senti ao me sentar com outros alunos e professores de yoga. Tinha pessoas de todos os cantos do globo, de todas as fés, idades e religiões, e estávamos sentados juntos, em silêncio, praticando a meditação.

Abriu meus olhos experimentar aquela profundidade de conexão com um grupo tão diverso de indivíduos. Aprender a relaxar e meditar é uma forma simples de alcançar um sentimento de harmonia, tranquilidade e fluidez na sua vida.

Como uma mulher negra que cresceu e viveu no sudeste de Londres, o racismo estava para todos os lados e, até aquele ponto, minha visão de mundo passava pela lente de ser negra *e* uma mulher, vivendo em uma cultura predominantemente dominada por homens brancos.

Ainda assim, sentada em meditação silenciosa, senti aquela conexão e finalmente entendi o que significa "viver como um só." Estar em paz e sentir o potencial infinito dentro de mim e dos outros; ver além da etnia dos meus vizinhos, cor de pele, fé e status econômico e conectar-me com eles através de suas respirações. Foi um momento que mudou minha vida completamente, chegar àquela profundidade e sentir uma conexão com pessoas que tinham crenças diferentes e aparências diferentes de mim. Eu entendi profundamente o que meus professores queriam dizer com "somos todos um."

Quatorze anos depois, a meditação baseada na respiração ainda é minha forma principal de praticar a meditação.

A descoberta e o sentimento da "unidade e conexão com o Divino" foram um marco na minha jornada espiritual e de cura.

Isso me levou a ter um forte desejo de compartilhar o yoga e a meditação com quantas pessoas fosse possível, especialmente na minha carreira na época, como uma oficial de justiça que trabalhava com jovens infratores e pessoas que estavam servindo sentenças.

Chapter 2: Por que a meditação é boa para

sua saúde

As pessoas meditam por muitos motivos.

No meu caso, eu tive o primeiro contato com a meditação para lidar com a dor que senti após perder meu irmão (1997) e minha prima (1995), e o impacto que isso estava causando na minha habilidade de focar no trabalho e cuidar da minha jovem família.

De forma similar, a maior parte dos meus alunos considerouo yoga e a meditação quando estavamem algum tipo de crise pessoal ou profissional.

Eles estavam estressados, trabalhando demais e tendo dificuldades para manejar as demandas complexas do trabalho em carreiras que exercem muita pressão.

O estresse e a fadiga estão em alta, e muitos empregados e empreendedores _perdem o sono e ficam mais ansiosos com o efeito que suas vidas no trabalho_têm na habilidade de serem saudáveis e terem relacionamentos significativos com seus familiares e pessoas próximas.

O ritmo implacável da vida dificulta que se relaxe, que se passe tempo com a família e que se faça as coisas de forma calma e ponderada.

SETE SINAIS COMUNS DO ESTRESSE E SEUS RISCOS
1. Você sofre dores e irritações inexplicáveis, um velho machucado retorna ou uma dor nas costas surge. A tensão nervosa afeta todos os músculos e ligamentos. Durante o dia, com o acúmulo da pressão, seu corpo endurece e você passa por dores de cabeça, nas costas, no pescoço, ou sente indigestão.
2. Você tem dificuldades para se concentrar no trabalho. Sua caixa de entrada está cheia e você lamenta ter de passar por sua pilha de trabalho ou conferir sua caixa de entrada, porque fica preocupado(a) que possa ter perdido algo importante.
3. Te falta energia. Você fica inquieto(a). Você se sente constantemente cansaco(a) e fatigado(a). A preocupação constante drena suas

forças, e você está desgastado(a) demais para fazer algo físico, mesmo que saiba que isso pode te dar mais energia.

4. Você se sente drenado(a), frustrado(a), ou até ressentido(a) com as demandas impostas a você. Você pode estar cuidando de um pai idoso e cuidando de uma criança pequena ao mesmo tempo. Você sente como se não tivesse mãos suficientes para fazer tudo, e tem dificuldades para expressar seus sentimentos ou pedir ajuda.

5. Seu coração bate mais rápido e mais forte, o que faz seu pulso e sua pressão sanguínea aumentarem. Isso pode levar à insuficiência cardíaca e à alta pressão sanguínea.

6. Você não consegue diminuir o ritmo e tem problemas para desligar seu cérebro. Seu corpo está sempre extenuado, e sua mente está sempre a mil por hora. Isso leva à fadiga mental, olhos tensionados e, em casos mais

sérios, enxaqueca e até perda de memória.
7. Não importa o que você quer fazer, você não tem energia para dar a volta por cima. Você sente como se estivesse preso(a) no fundo do poço.

O ESTRESSE MATA. O QUE VOCÊ PODE FAZER PARA MUDAR SUA VIDA?

O que você pode fazer para relaxar e diminuir o estresse, conseguir mais tempo para você e sua família, ou simplesmente ser mais criativo(a) e alerta no trabalho?

Quando amigos ou pessoas próximas perguntam "Como vai você?", você resmunga sobre o quão difícil é a vida e imagina um futuro melancólico, sonhando com suas próximas férias?

Não seria ótimo se você pudesse capturar aquele sentimento feliz e agradável das férias sempre que quisesse?

Só imagina.

Seja na manhã das segundas ou nas compras noturnas de sexta-feira, em dois minutos você chegaria em seu destino favorito para as férias.

Simples assim.

Sem malas para serem feitas, nada de aeroporto ou chateações no check-in, sem pânico de último minuto para procurar o passaporte ou achar alguém que ague suas plantas.

Você não gostaria de ter isso?

Sentir-se calmo(a), feliz, confiante, alegre e relaxado(a)?

Os benefícios e a ciência por trás da meditação agora estão claramente documentados.

A meditação é a chave para uma vida sem estresse.

OS BENEFÍCIOS CIENTÍFICOS DA MEDITAÇÃO

A ciência sustenta por que você deveria meditar todos os dias com pesquisas feitas sobre os benefícios físicos, emocionais e *mentais*.

Um artigo fascinante no site *Mindvalley*, "A ciência entre as ondas cerebrais e a meditação," demonstra a correlação entre a meditação e os efeitos nas ondas cerebrais.

No artigo da *Forbes* chamado "7 formas com que a meditação pode mudar o cérebro," Alice G. Walton explora a pesquisa e os estudos conduzidos no relacionamento entre a meditação e seus efeitos no cérebro.

Alice Walton cita a evidência de vários estudos que destacam os efeitos positivos da prática regular da meditação para preservar o cérebro que está sempre envelhecendo, reduzir a ansiedade e a ansiedade social, e ajudar com o vício.

Os resultados confirmam o que antigos sábios sabiam, que a meditação alivia sentimentos de ansiedade, depressão e melhora a atenção, concentração e o bem estar psicológico em geral.

E se você ainda estiver um pouco cético(a) sobre como a meditação pode influenciar seu humor, a pesquisa feita pela Fundação David Lynch sobre os efeitos da meditação no seu cérebro mostra que a meditação transcendental tem muitos benefícios para sua mente e corpo.

A meditação pode:

- Aumentar o tamanho de regiões-chave do nosso cérebro;
- Melhorar nossa memória;
- Aumentar nossa empatia e compaixão;
- Tornar-nos mais resistentes sob pressão.

Tudo coisa boa, não?

Como pode ver, a meditação tem vários benefícios.

Mas baseando-me nas conversas com alunos e amigos, apesar dos benefícios científicos ao se meditar, parece que o *processo* de meditar vem acompanhado de desafios e obstáculos que, em alguns casos, dificultam que se comece a meditar e que se crie um hábito diário. No próximo capítulo, vamos dar uma olhada nos quatro maiores obstáculos que os iniciantes na meditação enfrentam quando meditam, e o que você pode fazer para superá-los.

Capítulo 3: Obstáculos mais comuns que as pessoas enfrentam

Os quatro obstáculos mais comuns que as pessoas enfrentam quando meditam são:
- Mente ocupada – sua mente viaja e você não consegue parar de pensar;
- Estar cansado(a) e cair no sono enquanto medita;
- Rotina muito cheia, impedindo que haja tempo para meditar;
- Achar uma postura que funcione para você.

Obstáculo Um: Mente ocupada

Como professora de meditação, frequentemente ouço declarações como:
"Não consigo parar de pensar."
"Tenho tantas coisas na cabeça. Minha mente é como um trem-bala atravessando um túnel."
Ou
"Eu tenho tantas coisas para fazer. Sinto-me sobrecarregado(a) e não consigo pensar com clareza."

As vidas estressantes que levamos e nossa crescente dependência da tecnologia (pense em nossa ligação com os celulares) afeta negativamente nossa habilidade de nos concentrarmos, focarmos e relaxarmos.

Mas deixe-me te tranquilizar —*não tem problema.*

O sentimento de ter uma mente ocupada é perfeitamente normal.

Você sabia que a pessoa média tem cerca de 50.000 pensamentos por dia?

E considerando que há 1.400 minutos em um dia, isso significa (se minha matemática estiver certa!) que temos ao menos 35 pensamentos por minuto!

Não é de se admirar que sua mente seja ocupada e tenha dificuldades em permanecer focada!

Sua mente é cheia de pensamentos.

Aliado a isso, acredita-se que 70% desses pensamentos sejam negativos! E a natureza da "mente primata" dificulta ainda mais que você fique no mesmo lugar e medite.

A habilidade de se concentrar e impedir que a mente viaje é, talvez, um dos aspectos mais difíceis de superar na meditação.

Na meditação, você treina seu corpo a ficar parado e a sua mente a diminuir de ritmo, focando em um ponto de concentração.

Mas algumas pessoas têm dificuldades para ficar paradas, e preferem um tipo de meditação mais dinâmico e ativo, como a meditação em movimento, que descreveremos melhor na segunda parte deste livro.

Sua mente tem uma mente dela própria, que é comparada a um macaco tagarela.

Quando você se senta para meditar, você percebe quão ocupada é sua mente. O redemoinho de pensamentos flutuando por todo lado dificulta que os pensamentos se acalmem, que você controle sua mente e foque. Se não for domesticada, sua mente pulará de um tópico ou assunto para o outro.

Essa natureza constante e habitual da "mente saltitante" ou "mente primata" é o principal motivo pelo qual é tão difícil focar e concentrar-se quando se medita.

Solução: Pratique exercícios fáceis de respiração do yoga para acalmar sua mente.

A antiga prática do yoga oferece muitas ferramentas que te ajudam a relaxar o corpo, ficar mais calmo(a) e com a mente mais serena.

Aliás, o propósito original do yoga era preparar sua mente e corpo para sentar e meditar.

Exercícios de respiração do yoga, conhecidos como *Pranayama*, são práticas ideais para ajudar na síndrome da mente ocupada e na estabilização da mente.

No capítulo 7, "A melhor forma de meditar," vamos explorar com mais detalhes o papel que os exercícios de respiração assumem no auxílio à meditação.

Quando você medita, o propósito não é limpar sua mente de pensamentos; na verdade, é permitir que sua mente esteja focada em um ponto de concentração, como por exemplo a respiração.

Quando sua mente sai desse ponto de concentração e você *percebe* que viajou, trazendo-a de volta para o ponto de concentração, você está praticando a meditação.

OBSTÁCULO DOIS: ESTAR CANSADO(A) E CAIR NO SONO ENQUANTO MEDITA

Por experiência própria, sei quão fácil é cair no sono enquanto se medita.

É simples de se fazer.

Você senta para meditar e, por estar tão cansado(a), ao invés de ficar em boa postura meditando, você se encontra balançando, "pescando," até acabar caindo no sono.

SOLUÇÃO: Descanse mais!

Dormir é a forma do corpo descansar e se reparar.

Se você está caindo no sono enquanto medita, aceite o que seu corpo está te dizendo.

Vá para a cama e durma.

Você acordará refrescado(a) e em um estado melhor para meditar.

Se não for possível dormir – talvez você esteja no trabalho ou tenha tirado alguns minutos do dia para recarregar as baterias – tente fazer algumas repetições dos exercícios de respiração do yoga, ou pratique exercícios simples do yoga.

Se dormir for um problema para você, encontre uma forma de reorganizar sua rotina para que você tenha pelo menos de seis a sete horas de sono de qualidade a cada noite.

Sleepytime é um brilhante aplicativo que te ajuda a selecionar a melhor hora para dormir e conseguir o máximo de descanso. A falta de sono é um círculo vicioso.

Quanto mais você medita, mais energia terá – mas se te falta o sono, você terá dificuldades para ter a energia requerida para meditar.

Obstáculo Três: Rotina muito cheia, impedindo que se tenha tempo para meditar

Correr por aí constantemente e não ter tempo para cuidar de si até que se chegue à exaustão é um motivo popular pelas quais as pessoas começam a meditar.

Tentar encaixar a meditação em seus dias já cheios, especialmente se tiver uma rotina familiar ocupada e um trabalho que demande muito, pode parecer impossível e ser um pesadelo.

Você sabe que cuidar de si mesmo(a) é importante, mas as obrigações concomitantes que você encara no trabalho, com sua família e amigos, deixam pouco tempo para que você possa relaxar e tirar a mente das coisas.

Estar muito ocupado(a) e sem tempo para meditar deve ser o maior obstáculo para a prática da meditação.

Todos estão ocupados – tentar encaixar ainda mais uma atividade pode parecer uma tarefa insuperável.

Ainda assim, como a citação Zen nos lembra, quanto mais ocupado(a) você está, mais precisa meditar.

Muitas celebridades, empreendedores e atletas de elite garantem que suas práticas diárias de meditação os ajudam a permanecerem focados e terem a energia necessária para fazer tudo que eles fazem.

E você pode fazer isso também.

Solução: Crie uma rotina

Quando você começa a meditar, é fácil ficar entusiasmado(a) e pensar que dá para meditar a qualquer hora, em qualquer lugar. Você pode, mas esse nível de experiência requer prática e tempo para se desenvolver.

Leva tempo e esforço para encontrar espaços na sua rotina para meditar.

É possível apertar o botão de pausa, respirar fundo algumas vezes e praticar o auto-amor no vai-e-vem do dia, mas a calma profunda e a serenidade advêm de tornar a meditação em uma prioridade na sua vida, agendada no seu dia.

Seja gentil e honesto(a) quanto ao tempo disponível. É melhor dar uma olhada na sua rotina atual por uns dois dias e determinar, de forma realista, como você pode separar de 5 a 15 minutos todos os dias para meditar, do que tentar espremer em uma rotina de hora em hora algo para fazer em "algum momento" na semana.

Você pode traçar o objetivo de acordar 20 minutos mais cedo, ou desligar a televisão 20 minutos antes durante a noite.

Uma boa ideia, e que funcionou bem para mim, foi encontrar um colega de meditação. Vocês não precisam meditar no mesmo lugar, mas encontre alguém que concorde em te cobrar.

Minha amiga e eu costumávamos revezar ligações uma para a outra a cada manhã enquanto preparávamos nossa rotina de meditação.

Como colegas de meditação, nós nos cobramos e compartilhamos nossas experiências e pensamentos sobre a prática. Eu achei de grande valia ter esse suporte extra e esse empurrão para me fazer continuar. Especialmente no inverno, com o frio e a falta de luz solar ao acordar.

Uns dois anos atrás, um amigo me apresentou um aplicativo gratuito de meditação, Insight Timer. É um ajudante brilhante para te apoiar na prática da meditação, por oferecer uma grande variedade de meditações guiadas, grupos de meditação com que você pode se conectar e um acompanhamento pessoal com análise de dados da sua prática. Eu adoro porque ele me ajuda a ser assídua, e eu sempre me irrito quando perco uma prática e preciso começar do dia 1!

OBSTÁCULO QUATRO: POSTURA

Quando você medita, é importante que esteja confortável.

Tradicionalmente, os sábios sentavam-se no chão, na posição de lótus, e meditavam. No entanto, se você é como a maioria das pessoas com que trabalho, sua dificuldade é ficar sentado(a) por tempo o suficiente para meditar.

Seu corpo não está acostumado a ficar parado, especialmente se você passa a maior parte do seu dia sentado(a), inclinado sobre um computador, com pouco tempo para descansar ou esticar o corpo.

Com o tempo, isso leva ao acúmulo de tensão e fadiga na parte inferior das costas e na cintura, o que torna desconfortável o ato de sentar confortavelmente com as costas eretas e as pernas cruzadas.

SOLUÇÃO: Encontre uma posição confortável para você.

Não é essencial sentar no chão na posição de lótus tradicional!

Sua prioridade principal é garantir que esteja confortável, que sua mente esteja tranquila e que sua espinha esteja ereta.

Isso permite que a energia flua facilmente pelo seu corpo.

Por exemplo, você pode:
- Sentar-se recostado(a) em uma cadeira com encosto reto;
- Sentar no chão em uma almofada com uma das pernas cruzadas ou esticadas para a frente;
- Sentar-se apoiado(a) na parede;
- Deixar no chão em seu esteira de yoga/cobertor ou mesmo deitar de costas para a cama.

(Se você tem dores na parte inferior das costas ou sente desconforto ao deitar de costas com as pernas esticadas na cama/esteira, ponha seus pés sobre a cama/esteira com os joelhos dobrados e garanta que a parte inferior de suas costas está paralela à cama/esteira.)

Se ainda assim você tiver dificuldades para ficar parado(a), outra solução é praticar uma meditação mais dinâmica de consciência física do corpo e da mente, andando ou até mesmo com um livro de colorir para adultos.

Como em todos os novos projetos, a prática leva à perfeição. Se você quer colher os benefícios da meditação, você precisa desprender-se de sua ligação com o objetivo desejado. Permita-se estar presente e foque no seu ponto escolhido de concentração. Descanse quando estiver cansado(a). E, idealmente, pratique na mesma hora todos os dias.

Eu cobri quatro dos obstáculos mais comuns enfrentados pelas pessoas quando começam a meditar, perdi alguma coisa?

Se você tiver dificuldades para relaxar e meditar, quais obstáculos entram no *seu* caminho? Eu adoraria ouvir quais são suas barreiras para que eu possa apoiá-lo(a) em superar esses obstáculos.

Mande-me um e-mail ou deixe uma avaliação para o livro, e retornarei o contato. Até agora, nós já cobrimos:

- O que é a meditação;

- Os benefícios para a saúde advindos da meditação;
- Os quatro maiores obstáculos que as pessoas enfrentam ao começar a meditar.

No próximo capítulo, vamos analisar os cinco erros mais comuns cometidos pelas pessoas ao meditar, e cobriremos o processo de sete passos que você precisa seguir para meditar rapidamente e com facilidade.

CHAPÍTULO 4: ERROS A SEREM EVITADOS NA MEDITAÇÃO

CINCO ERROS A SEREM EVITADOS AO SE MEDITAR

Embora a meditação seja simples de aprender graças à vasta oferta de livros sobre como meditar, programas em áudio e programas online de meditação — por exemplo, o programa de meditação de cinco semanas da *Live and Dare*, <u>Master Your Mind</u>—é fácil achar que só pegando um livro sobre meditação,<u>ou ouvindo um podcast popular de meditação,</u>você terá sucesso em sua prática.

Mas como em todas as habilidades, você precisa aprender o básico e praticar essas habilidades todos os dias para poder ter um retorno dos benefícios de longo prazo da meditação.

No entanto, ao ensinar pessoas ocupadas a meditar e ouvir seus desafios, aprendi que há armadilhas e obstáculos que devem ser evitados.

Com um bom suporte e um método simples de passo-a-passo a ser seguido, você pode superar estes obstáculos e aprender facilmente como relaxar e meditar.

Quanto mais claras forem essas "armadilhas" para você, mais fácil fica evitar cometer os cinco erros comuns a seguir, que impedem a evolução e os esforços de se meditar efetivamente.

1°ERRO DA MEDITAÇÃO A SER EVITADO: VOCÊ ESPERA UMA TRANSFORMAÇÃO INSTANTÂNEA

Grandes declarações foram feitas sobre o poder da meditação de transformar a sua vida.

Como falamos mais cedo, há numerosos estudos mostrando que **a prática regular de meditação** reduz o estresse, acalma a mente e melhora a concentração e o foco no trabalho.

A beleza da meditação é que você sente uma diferença na sua energia quando medita. Você se sentirá mais calmo(a) e relaxado(a). No entanto, pode levar semanas, às vezes até anos, para chegar à "transformação total." A verdade é que a natureza da mente e o ambiente em que você vive fazem com que se deva constantemente analisarnossos pensamentos e nossa prática.

A mudança *pode* acontecer da noite para o dia, e a maior parte das pessoas sentem uma calma imediata quando meditam. Nossa sociedade estressante e o efeito montanha-russa que ela tem nas nossas emoções dificultam que mantenhamos aquela "vibração positiva" que surge quando se termina uma prática. Então, muitos alunos iniciantes desistem depois de apenas algumas sessões, porque seus problemas ainda parecem os mesmos.

O QUE FAZER AO INVÉS DISSO: Se você começou a meditar e ainda não sentiu uma diferença em como se sente ou responde a diferentes situações, eu te encorajo veementemente a continuar praticando.

Tente outra forma de meditação, e procure um grupo de pessoas que também se interessa em aprender como meditar, que queiram tornar isso em parte de suas rotinas; isso facilita com que você se sinta apoiado(a) e siga com a prática.

Quando você se compromete a tornar a meditação em parte da sua rotina diária, você gradualmente muda o ritmo da sua mente, e você *verá* resultados. Lembre-se, Roma não foi construída em um dia, e muito menos a calma, a mente pacífica e o coração aberto. Comportar-se de forma confiante requer habilidade e prática.

2° ERRO DA MEDITAÇÃO A SER EVITADO: A FALTA DA PRÁTICA REGULAR

Tenho certeza que você pode se lembrar de um de seus professores da escola, ou até mesmo dos seus pais dizendo que "a prática leva à perfeição" todas as vezes que você sentiu vontade de desistir de algo, ou achou algo difícil demais de se fazer. Afinal de contas, sua mãe e o(a) professor(a) estavam certos!

Para alcançar qualquer coisa na vida, você precisa praticar. A meditação não é uma exceção. Para ter qualquer benefício com a meditação, você precisa determinar um tempo para a prática.

O QUE FAZER AO INVÉS DISSO: Pouco e sempre é a chave. Comprometa-se a praticar por pelo menos de 2 a10 minutos todos os dias ao invés de tentar praticar por uma hora mensal.

Os quatro guias de meditação incluídos aqui são ideais para iniciantes ocupados começarem a aprender os pontos básicos da meditação.

E para aqueles de vocês que preferem meditações mais dinâmicas e ativas, confira as sete meditações que também foram incluídas na próxima parte deste livro.

3° ERRO DA MEDITAÇÃO A SER EVITADO:

ACÚMULO DE ESTRESSE, FADIGA E TENSÃO NO SEU CORPO

No passar do dia, você pode encontrar demandas que causam um conflito de tempo, e é fácil acabar se sentindo estressado(a), sobrecarregado(a) e exausto(a). A maior parte das pessoas ignora os primeiros alertas do estresse e levam seus corpos até o limite, acabando por sentirem-se esgotados e desmoralizados. É um círculo vicioso. Quanto mais você se forçar a continuar em dia no trabalho e em compromissos da família, mais você se expõe a enfermidades relacionadas ao estresse. Fica quase impossível descansar, desligar o "cérebro" e dar ao seu corpo o descanso e o sono que ele precisa.

O QUE FAZER AO INVÉS DISSO: Torne o cuidado de si próprio em uma prioridade e inclua "momentos de calma" regulares no seu dia.

Sua mente e seu corpo estão conectados. Acumular tensões diárias no seu corpo é um comportamento perigoso para a saúde e paraa vitalidade em longo prazo. Você precisa achar uma forma de liberar de forma segura a frustração e a raiva que ficam guardadas.

Ter uma rotina diurna de cuidado do corpo é vital para te ajudar a começar seu dia com uma mentalidade positiva e calma.

Comprometa-se a achar, durante o seu dia, formas de tirar o pé do acelerador, espreguiçar, relaxar e, naturalmente, acalmar sua mente e energizar seu corpo. Melhor ainda, compartilhe o artigo [121 Employee Wellness Program Ideas Your Team Will Love](#) com sua equipe e com seus gerentes, e escolha uma atividade de bem estar com que toda sua empresa possa se envolver. Atividades como aulas de yoga no local de trabalho para aliviar o estresse, reuniões caminhando ao invés de sentados, e meu preferido, ter bolas de futebol, bambolês e bolas de vôlei pelo local de trabalho. Não seria legal? Você consegue imaginar um(a) chefe fazendo bambolê?

4º ERRO DE MEDITAÇÃO A SER EVITADO: FALTA DE CONSCIÊNCIA E FOCO DURANTE O SEU DIA

Muito próximo do erro nº 3, a falta de consciência e foco durante o dia é contraprodutiva para sua saúde e bem estar.

A meditação não é um ato isolado, não é algo que você faz e depois esquece até a próxima prática. A meditação é uma habilidade, uma técnica que você usa para te ajudar a recuperar o foco e a concentração a qualquer momento durante o dia. Estar presente e consciente de sua postura, seus pensamentos e sua respiração de forma regular durante o dia são coisas tão vitais quanto saber o tamanho que você calça.

O QUE FAZER AO INVÉS DISSO: Torne-se mais presente durante o dia.

É difícil de fazer, mas quanto mais você praticar a meditação e sentir a diferença que ela faz na sua vida, mais você irá naturalmente ficar consciente e presente para o que está acontecendo dentro ou em volta de você.

Como iniciante, tenha como objetivo desenvolver um sentimento de atenção plena na sua vida diária.

Por exemplo, tire um momento aqui e lá para concentrar-se na sua respiração de cada dia, e perceba como você está respirando.

Enquanto come, ao invés de correr para comer e fazer outras coisas enquanto se alimenta (mensagens, televisão, telefonemas, trabalho), preste atenção nos sabores e sensações da comida que está comendo.

Tire um tempo para esticar o corpo a cada hora para endireitar a espinha, relaxar a boca, descruzar os tornozelos e liberar a tensão no seu corpo.

Você poderá encontrar mais dicas e técnicas do yoga para aliviar o estresse no meu popular livro*Yoga para Iniciantes.*

5º ERRO DE MEDITAÇÃO A SER EVITADO: COMPARAR SUAS EXPERIÊNCIAS COM AS DOS OUTROS

A meditação é uma experiência pessoal. As técnicas e práticas são universais, mas como você se sente e responde a estes métodos é algo tão pessoal quanto sua impressão digital. Cada sessão é uma experiência única, especialmente quando você adota a abordagem de uma mente iniciante à sua prática.

Muitos alunos cometem o erro de comparar suas experiências, pensamentos e impressões com outros alunos. Vocês podem ambos estar usando as mesmas técnicas, mas a experiência de cada um pode ser totalmente diferente.

Não há forma certa ou errada de se "sentir" depois de meditar. Por exemplo, como eu, você pode ter passado por um divórcio traumatizante, perdido pessoas próximas a você ou estar passando por uma grande reestruturação no trabalho que te mantém acordado durante a noite, preocupado(a) com sua estabilidade no emprego. Todas essas situações dificultam que você se adeque à prática, e afetam como você se sente ao praticar. Você pode meditar e se sentir limpo(a), calmo(a) e confiante, mas outro aluno pode sentir raiva e tristeza intensas, sair correndo a chorar. Está tudo bem, é perfeitamente natural, e tudo isso faz parte da jornada da meditação.

O QUE FAZER AO INVÉS DISSO:Aprenda a adotar a abordagem de não julgar sua prática.

A meditação é seu tempo livre consigo mesmo(a). Não é uma festa na sua casa, e não há lei dizendo como você deve se sentir. Mantenha um diário e escreva como se sente antes e depois de cada sessão de meditação.

Mantenha uma mente de iniciante e, mais importante, conecte-se com outras pessoas parecidas que podem envolver, alimentar e apoiar você durante sua prática e vida diária.

Lembre-se, a meditação é como aprender uma nova habilidade — andar de bicicleta, aprender a dirigir, fazer um bolo — você precisa ter paciência, tempo, energia e uma comunidade que te apoia, que te ajude a crescer e desenvolver o músculo da meditação.

Te encorajo a tomar seu tempo e achar uma forma de tornar a meditação em uma parte da sua vida.

E agora que já analisamos os erros, obstáculos e benefícios da meditação, vamos guardar tudo isso e seguir este simples guia de sete passos para meditar com facilidade.

CAPÍTULO 5: UM GUIA SIMPLES PARA MEDITAR

COM FACILIDADE

SIGA ESTE SIMPLES GUIA DE SETE PASSOS PARA MEDITAR COM FACILIDADE

Mesmo se você odeia ficar parado(a), tente seguir estes passos para ver como se sai.

Se você adorar, confira a meditação guiada em movimento e outras formas de meditação dinâmica listadas abaixo.

LEMBRETE: Se você não se exercita há algum tempo ou tem alguma condição médica, consulte seu médico antes de iniciar quaisquer práticas mencionadas neste livro.

Passo 1: Encontre um espaço silencioso e defina sua intenção

Passo 2: Relaxe o seu corpo

Passo 3: Acalme sua mente

Passo 4: Avalie sua postura

Passo 5: Foque na sua respiração diária

Passo 6: Inale e exale por 2 a 5 minutos

Passo 7: Sorria e aproveite o momento

PASSO 1: ENCONTRE UM LUGAR SILENCIOSO ONDE VOCÊ POSSA PRATICAR SEM INTERRUPÇÕES, E DEFINA SUA INTENÇÃO

Para muitos iniciantes, encontrar o "lugar certo" para meditar é frequentemente o primeiro obstáculo a ser vencido. Se sua casa ou local de trabalho são movimentados e têm muito barulho feito por outras pessoas, pode ser difícil achar um local tranquilo e silencioso onde você se sinta confortável o suficiente para meditar. Às vezes, ir para a natureza e praticar a meditação em movimento pode ser tão tranquilizante quanto permanecer sentado(a).

DICA: Seja criativo(a). Procure lugares que não costuma visitar, talvez haja um lugar tranquilo ou uma sala vazia para onde você possa ir durante o horário de almoço. Quando minhas meninas eram pequenas, eu sentava frequentemente no final da escada, entre minhas tarefas da casa e o tempo das meninas assistirem televisão, para ter cinco minutos de tempo em silêncio!

DEFINA SUA INTENÇÃO
Quando você começa a meditar, todos os tipos de pensamentos, sentimentos e sensações surgem na sua mente. Sua mente irá encontrar todo tipo de motivo para você não meditar, e por você estar tão acostumado(a) a estar sempre em atividade, ficar imóvel e meditando pode parecer algo impossível.

DICA: Como você sabe, seus pensamentos determinam qual vai ser o seu comportamento. Se você realmente deseja paz interior e um alívio das ocupações no seu dia, defina sua intenção dizendo tranquilamente a si mesmo(a): "Estou aqui para ficar quieto(a), calmo(a) e limpar a minha mente."

PASSO 2: RELAXE O SEU CORPO
Se você sente o seu corpo duro e tenso, faça alguns alongamentos básicos doyoga. Por exemplo, mexendo os dedos dos pés e fazendo pequenos círculos com os pés; esticando os braços sobre a cabeça e movendo-se para a esquerda e para a direita. Estes movimentos irão ajudar a

relaxar a tensão muscular acumulada no seu corpo, facilitando o relaxamento corporal e permitindo que você fique imóvel de forma confortável.

PASSO 3: ACALME A SUA MENTE
Exercícios de respiração do yoga são a forma perfeita para acalmar a mente e diminuir o ritmo dos pensamentos enquanto você se prepara para meditar.
Tire alguns minutos para cantarolar para si mesmo(a), ou abra bem a boca e diga "ahhhhhhhhhh" ou "ooooooooooo" ou até "iiiiiiiiiiihhhhh." Isso ajuda a aliviar o estresse e a tensão, e treina sua mente, de forma suave, a focar novamente na sua respiração. Aliás, se você tiver pouco tempo, até mesmo ficar parado(a) repetindo estes três sons repetidamente por três a cinco minutos já te ajudará a sentir-se mais calmo(a)!

PASSO 4: AVALIE SUA POSTURA
Quando você medita, especialmente se estiver praticando uma meditação sentado(a), é ideal que sua espinha esteja

ereta, com a cabeça, costas e pescoço em uma linha reta, alinhados e relaxados ao invés de ficar tenso(a) e encolhido(a). Você pode sentar-se em uma cadeira, no canto da cama, no chão ou em uma esteira de meditação. A chave, aqui, é sentir-se confortável.

DICA: Tire alguns momentos para perceber como você se senta.

Se você estiver sentado(a) em uma cadeira, descruze as pernas, certifique-se de que seus pés estão retos no chão, com os dedos apontando para frente. Descanse as mãos sobre o seu colo e respire suavemente pelo nariz.

Estique a espinha e relaxe os ombros para longe das orelhas.

Certifique-se de que não está rangendo os dentes ou apertando a mandíbula, e SORRIA... Essa é a forma mais rápida para relaxar a tensão no seu rosto!

Passo 5: Foque na sua respiração diária

Dê atenção a como você respira diariamente. Não mude a forma de respirar, apenas comece a tomar nota.

Observe e explore COMO você está respirando. Por exemplo, note a velocidade com que você inala e exala; note o que acontece com sua barriga e peitoral ao respirar. Note, talvez, a sensação em seu lábio superior ao exalar, ou até mesmo se consegue se ouvir respirando.

DICA: Aprender a ter consciência de como se respira, o que acontece com o corpo e até a mente ao respirar ajuda a tirar a atenção do barulho diário na sua vida e na sua mente.

PASSO 6: RESPIRE CONSCIENTEMENTE POR 2 A 5 MINUTOS

Inale... Exale... Inale... Exale...

Foque na sua respiração enquanto permite sua respiração diária ficar mais profunda e longa. Permaneça nesse estado por dois a cinco minutos, e então sente-se silenciosamente por mais alguns momentos refletindo, para depois levantar-se e voltar para seu dia.

DICA: Às vezes ajuda se você configurar o alarme do seu relógio para daqui dois a cinco minutos antes de começar a prática, fechar os olhos e dizer algumas palavras para si mesmo(a) ao respirar, o que auxilia a mente a focar e se concentrar.

Por exemplo, depois que você tiver se acostumado a ter consciência de sua respiração diária, você pode começar a dizer suavemente para si mesmo(a) encuanto foca na sua respiração, "Eu inalo... Eu exalo..." e coordenar as palavras com o movimento de sua respiração. "Eu inalo (inalando)... Eu exalo (exalando)... Eu inalo... Eu exalo... Eu inalo... Eu exalo..."

PASSO 7: SORRIA E APROVEITE O MOMENTO ☺

Capítulo 6: A forma mais fácil de meditar

Qual é a forma mais fácil de meditar?

Frequentemente me perguntam: "Qual a forma mais FÁCIL de aprender a meditar?" Há uma suposição comum de que a única forma de se meditar é parado(a), na pose clássica da meditação.

No entanto, como você verá nas técnicas de meditação abaixo, há outras formas de aproveitar os benefícios sem precisar praticar sentado(a).

Dito isto, baseando-me na minha preferência pessoal e no retorno que tenho dos alunos, eu diria que focar na sua respiração, seja sentando-se ou meditando de forma mais ativa, é a chave para ter uma prática de meditação de sucesso.

Neste capítulo, vamos dar uma olhada no papel da respiração para uma vida saudável, como se deve respirar, os benefícios da respiração saudável e como usar sua respiração como guia na meditação.

Vamos começar com uma introdução geral dos benefícios da boa respiração, e como a meditação te ajuda a respirar de forma melhor.

OS BENEFÍCIOS DOS BONS HÁBITOS DA RESPIRAÇÃO COMO AUXILIADORES DA MEDITAÇÃO

Então, vamos descobrir como você pode usar sua respiração para:

- Acalmar a mente e o corpo rapidamente, para te trazer de volta ao equilíbrio;
- Aliviar a ansiedade, preocupação e frustração, para que você possa aumentar sua habilidade de foco e possa concentrar-se no trabalho quando estiver sob muita pressão.

O que acontece quando você respira corretamente?

Basicamente, inalar permite que você oxigene o seu corpo, e exalar elimina toxinas e bactérias que impedem que seu corpo funcione corretamente.

Quanto mais lentamente e profundamente você respirar, mais você permite que o oxigênio entre e flua pelo seu corpo. Isso expande a capacidade do seu pulmão, além de estimular e energizar o seu coração, o que instantaneamente te leva a sentir-se mais confiante, alerta e feliz.

TRÊS BENEFÍCIOS DOS BONS HÁBITOS DE RESPIRAÇÃO

1. Aumenta seu bem estar emocional e físico para que você se sinta mais saudável e calmo(a);
2. Libera a tensão e a pressão no seu coração, o que reduz o risco de condições médicas cardíacas;
3. Ativa o sistema nervoso parassimpático, que promove o descanso, relaxa e rejuvenesce seu corpo, além de acalmar sua mente.

VOCÊ SABE QUAL O PODER DA SUA RESPIRAÇÃO?

Aprender a respirar corretamente é uma das lições mais importantes que você aprenderá ao começar a meditar.

Da perspectiva do yoga, sua respiração é a ligação entre sua mente e seu corpo.

Aprender a respirar bem é uma habilidade. Você pode se surpreender ao perceber que sua respiração é diretamente ligada ao seu corpo. Compreender a ligação entre a mente e o corpo permite que você procure formas de melhorar sua saúde.

Quando você respira profundamente e completamente, você ativa a ramificação parassimpática do sistema nervoso central. Este sistema permite a resposta de "descanso e digestão" que filtra o seu corpo – ao contrário da resposta "lutar ou fugir" do estresse que ocorre no sistema nervoso simpático, e geralmente governa sua vida.

O QUE SÃO EXERCÍCIOS DE RESPIRAÇÃO DO YOGA?
Tradicionalmente, os exercícios de respiração do yoga formam o núcleo do yoga. Conhecidos como pranayama (controle da respiração), exercícios de respiração profunda são uma forma fácil de diminuir a tensão, restaurar a energia e a vitalidade a qualquer momento que você precisar.

O QUE ACONTECE COM A RESPIRAÇÃO QUANDO ESTAMOS CHATEADOS E COM RAIVA?

Você já percebeu que, quando fica tenso(a), sua respiração é rápida e rasa? Ou talvez você segure a respiração quando fica ansioso(a).

Da mesma forma, quando você está com raiva sua respiração é acelerada e aguda, ou quando você está deprimido(a) e triste, ela é irregular e levemente agitada. No entanto, quando você está relaxado(a), feliz e de bom humor, sua respiração é lenta e regular. Esta é a forma ideal de se respirar.

POR QUE A RESPIRAÇÃO DO YOGA É TÃO IMPORTANTE?

Aprender a respirar corretamente pode te ajudar a lidar com os efeitos negativos do estresse, como dores de cabeça, problemas no estômago, fadiga, insônia e ansiedade no trabalho.

Todos sofrem de tensão nervosa e ansiedade em algum ponto de suas vidas. Você pode estar passando por um divórcio doloroso, ou sofrendo pela perda de um parente ou amigo próximo. Você pode estar lidando com procedimentos disciplinários no trabalho ou recuperando-se de uma grande cirurgia.

Todas essas ocorrências afetam seu sistema imunológico, o que pode diminuir sua habilidade de manter-se saudável e responsivo(a) aos problemas.

O QUE ACONTECE COM O CORPO QUANDO RESPIRAMOS CORRETAMENTE

Se der uma olhada no seu ambiente de trabalho ou quando usa o transporte público, poderá perceber que muitas pessoas não respiram adequadamente.

Falta-lhes o ar, ou respiram de forma pesada, puxando o ar de forma ofegante quando falam, ou constantemente bocejando para trazer oxigênio fresco para seus corpos. Aprender a compreender seus hábitos particulares de respiração é um passo importante para te ajudar a avaliar o que está acontecendo a nível mental, emocional e físico.

Quando você respira pelo nariz, você permite que o oxigênio entre e flua pelo seu sistema. Isso expande a capacidade do seu pulmão, estimula e energiza o coração, e instantaneamente revitaliza e energiza todo o seu corpo. Tudo isso aumenta sua habilidade de lidar com as cobranças do seu trabalho e da casa, de uma forma mais produtiva e calma.

Prestar atenção e ter consciência de como você respira é a forma mais fácil de dominar a arte da meditação. Quando você for praticar os exercícios de respiração da Seção 2, você irá instantaneamente sentir-se mais calmo(a) e com claridade na mente.

A beleza da meditação é que ela é um processo de desenvolvimento pessoal contínuo e expansivo, que permite que você se torne mais consciente dos seus estados emocionais, pensamentos, sentimentos e ações, e identifique o que é saudável e danoso para que possa aumentar sua energia. Há tantas distrações na vida diária que tirar um tempo para parar e respirar de forma consciente é uma dádiva que você pode presentear para si mesmo(a) — e assim fazendo, você poderá influenciar aqueles que estiverem percebendo sua sensação de calma e confiança interior.

Capítulo 7: Formas rápidas e fáceis de meditar

Sete formas rápidas e fáceis para praticar a melhor meditação de todas

Quero te parabenizar por seguir adiante, e seguir os passos para aprender uma forma fácil e efetiva de relaxar, reduzir o estresse e meditar.

As técnicas de meditação e exercícios de respiração da próxima seção oferecem uma chance de colocar em prática algumas coisas que você já leu.

Eu espero que você veja utilidade neles para alcançar seu sonho de estressar-se menos e ter mais energia para fazer as coisas que mais te importam.

Antes de irmos para as meditações, gostaria de oferecer uma última dica sobre como meditar melhor e continuar praticando.

No calor do momento, é fácil perder o foco do seu "Por quê?" e tornar-se uma vítima dos obstáculos e erros comuns que a maior parte das pessoas comete quando está aprendendo a meditar.

Quero que você tenha sucesso, seja feliz e saudável. É por isso que, nesta seção final, incluí sete dicas super simples que te ajudarão a meditar. Estas dicas serão mais uma camada de apoio à manutenção da sua prática de meditação.

1ªMELHOR DICA DE MEDITAÇÃO – SEJA REALISTA

A vida é corrida, e sempre haverá dias, semanas ou até meses em que você não conseguirá praticar. Tudo bem. É a vida. Você acordará um dia e sentará para praticar.

2ªMELHOR DICA DE MEDITAÇÃO – SEJA AMÁVEL

A meditação é um presente que você dá para si mesmo(a). E como todos os presentes, tire um tempo para aproveitar o sentimento de antecipação e entusiasmo ao abri-lo.

3ªMELHOR DICA DE MEDITAÇÃO – RESPIRE

Esta é a chave da sua prática. A qualquer momento ou em qualquer lugar que você se sentir fora do eixo, quando sua mente estiver acelerada e cheia de ideias... é só respirar. Lentamente. Suavemente. Com presença e consciente. Respire, e logo você se sentirá melhor.

4ª MELHOR DICA DE MEDITAÇÃO – SEJA CRIATIVO(A)

Como você pode ver com os exercícios de meditação e respiração consciente, há muitas formas de aprender a meditar. Escolha a sua. Quanto mais você praticar, mais aprofundada será a experiência, e você se tornará mais confiante em "saber" qual técnica precisa utilizar para recuperar a calma, abrir mão do estresse e relaxar a mente e o corpo.

5ª MELHOR DICA DE MEDITAÇÃO – SORRIA ☺

6ª MELHOR DICA DE MEDITAÇÃO – PEÇA AJUDA

Há um velho ditado no yoga: "Quando o aluno está pronto, o professor aparece."
Sempre que você se sentir preso(a), inseguro(a) ou estiver precisando de ajuda para continuar, respire, e faça uma oração do fundo do seu coração pedindo por

ajuda, por um guia, por claridade e pela confiança de saber que o que você busca será providenciado.

7ª MELHOR DICA DE MEDITAÇÃO – CONFIE

No fim das contas, a meditação é um estado de espírito. A prática da meditação é apenas uma ferramenta para te guiar até a calma, paz interior e equilibrio no dia-a-dia.

Capítulo 8: Seção especial bônus

Antes de começarmos com os bônus, vamos revisar o que cobrimos até agora. Analisamos os benefícios na saúde que podem ser aproveitados com a meditação e indicamos os sinais e efeitos do estresse no corpo. Cobrimos os erros mais comuns e obstáculos, e você praticou um simples guia de sete passos para te ajudar a meditar.

Tudo que nos trouxe até este ponto focou em te ajudar a se sentir confortável para meditar.

Agora é hora de colocar a teoria em prática, e tentar praticar por conta própria uma variedade de meditações. Nesta seção, vamos te apresentar:

- Meditações baseadas em quatro respirações para iniciantes;
- Três exercícios de respiração do yoga;
- Dois exercícios de respiração que você pode praticar com seus filhos;
- Oito meditações dinâmicas/em movimento.

As Meditações Guiadas Especiais de Bônus para Iniciantes e os Exercícios de Respiração do Yoga são super simples. Você pode praticar em qualquer lugar, a qualquer momento em que se sentir estressado(a), cansado(a) ou ansioso(a). Você se sentirá melhor na mesma hora, acalmando-se e limpando sua mente, e aliviará a tensão do seu corpo.

Vamos começar!

Quatro meditações baseadas na respiração e três exercícios de respiração do yogaque te ajudarão a meditar com facilidade.

UM GENTIL LEMBRETE: Como todos os exercícios de mente e corpo, por favor, ouça e respeite o seu corpo. Mova-se com graça, e aprecie as maravilhas de sua respiração.

1ª MEDITAÇÃO GUIADA: ALIVIE A TENSÃO E ACALME SUA MENTE

Defina sua intenção e diga silenciosamente a seguinte afirmação: "Agradeço pela minha saúde e as alegrias da vida, por estar vivo(a)." Ou, se preferir, você pode dizer sua frase inspiracional preferida.

- Sente-se em uma posição confortável e permita-se relaxar e acalmar por 2 a 10 minutos.
- Foque sua atenção na respiração e escute o som e o movimento da sua respiração diária entrando e saindo pelo seu nariz (se você quiser, pode fechar os olhos).
- Na sua próxima respiração, inale lentamente e conte "um."
- Exale e conte "dois."
- Inale e conte "três."
- Exale e conte "quatro."
- Continue contando sua respiração até o número dez.
- Quando chegar ao número dez, volte para o um e repita a prática por 2 a 10 minutos.
- Se sua mente começar a viajar durante a prática e você perder a concentração, está tudo bem. Volte a focar na respiração e comece a contar do número um.

- Quando estiver pronto(a), se seus olhos estiverem fechados, abra-os lentamente e atente para o que mudou no seu estado mental e a energia dos seus pensamentos.

2ª Meditação Guiada: Exercícios de Respiração Consciente para Tranquilizar seus Dias

Eu respiro, relaxo e fico de cabeça erguida, pois tenho orgulho de quem eu sou.

Este exercício de respiração consciente é ideal como a primeira coisa a ser feita na manhã, antes de começar suas atividades diárias. Ele ajudará a trazer uma sensação de calma e foco, preparando você para o seu dia.

- Pare um momento para checar a sua postura.
- Como você está sentado(a) ou permanecendo de pé?
- Respire suavemente pelo nariz e, ao exalar, analise o que está se passando pela sua mente. Quais pensamentos,

sentimentos e emoções estão surgindo sob a superfície?

- Exale e relaxe a mandíbula, abaixe os ombros, levante o peito, sinta sua espinha se esticando ao permitir que seu pescoço levante e se alongue; sorria com os olhos e aprecie o quão gracioso(a) e equilibrado(a) você se parece; lembre-se que é uma alma pura, um ser divino vivendo nesta Terra.
- Foque sua atenção na respiração e comece a analisar como está respirando.
- Deixe que a respiração seja suave e confortável; não mude a forma como está respirando, apenas observe a forma como o ar entra, espalha-se e atravessa o seu corpo.
- Mantenha sua mandíbula relaxada; abra sua boca lentamente e murmure o som AAAAHHHHH... ao exalar. Repare por quanto tempo você pode continuar dizendo AAAHHHH antes que naturalmente comece a inalar; e na próxima vez que exalar, abra a boca um

pouco mais e faça mais uma rodada de AAAHHHHHHs. Repita de três a cinco vezes, e a cada iteração, permita que o som de AAAHHHHH seja mais longo e atravesse mais profundamente o seu corpo.
- Se quiser, você pode fechar os olhos ao meditar.
- Depois de ter feito de três a cinco iterações, permaneça imóvel por mais um tempinho notando o que mudou sobre a forma como você se sente, e analise as sensações e impressões que fluem pelo seu corpo e mente.

3ª Meditação Guiada: Reduzindo a fadiga, a frustração, e sentindo-se melhor a cada novo dia

Seja suave e permita que sua prática desenvolva-se com graça e facilidade.

Se você está tendo um dia daqueles, te convido a praticar a seguinte **Meditação Apenas Seja**. Ela é rápida e fácil, e uma técnica simples que você pode aproveitar sempre que se sentir frustrado(a), ansioso(a) ou sobrecarregado(a). A prática pode ser feita em apenas dois minutos e você instantaneamente se sentirá refrescado(a), reequilibrado(a) e capaz de dar atenção completa à tarefa que deve ser feita.

Apenas seja...

Encontre um lugar confortável para se sentar, ajuste seu corpo da melhor forma possível e exale de forma longa e suave pelo nariz. Quando for inalar novamente, comece a reparar como sua barriga sobe e desce ao inalar e exalar.

A seguir...

- Foque a atenção em seus pensamentos e comece a observar e perceber os pensamentos, sentimentos e emoções que estão fluindo em sua mente.
- Não julgue nada, apenas repare, como se estivesse olhando para o céu e observando as nuvens que passam.
- Permita que seus pensamentos fluam naturalmente e veja-os pelo que são— apenas pensamentos... Você pode

nomear e rotular os pensamentos, ou para quem eles estão direcionados?
- Toda vez que você tornar-se consciente do seus pensamentos, foque conscientemente na sua respiração novamente e escute o som e o movimento da sua respiração ao inalar... exalar... inalar... exalar... Mantenha-se neste processo por 5 a 10 minutos, alternando sua atenção entre a respiração, os pensamentos e os sons que pode escutar.
- Quando estiver pronto(a), lentamente leve a prática ao seu fim retornando a atenção para os sons que pode ouvir no cômodo, e depois continuando aos poucos com seu dia.
- Às vezes, leva só alguns minutos de atenção à respiração para aliviar a tensão e voltar a um centro de calma, tranquilidade e paz interior.

4ª Meditação Guiada: Para a paz interior, felicidade e calma

Eu confio que tudo que preciso para ter saúde, crescimento e cura já foi fornecido.

Embora esta meditação seja feita para ser praticada na cama quando você acorda, você pode praticá-la a qualquer hora durante o dia, quando sentir-se pressionado(a), fatigado(a) ou levado(a) a pensar em muitas direções.

É fácil de ser feita, e dentro de dois minutos você se sentirá refrescado(a) e de volta ao equilíbrio. Quando se pratica logo ao acordar, ela também ajuda a definir sua intenção naquele dia e reafirma seu sentimento de amor próprio.

Deitado(a) de costas para a cama, certifique-se de que está confortável e que suas costas estão bem posicionadas. Se você sofre de dor na parte inferior da coluna, isso pode ser suavizado esticando as pernas e colocando um travesseiro sob os joelhos, ou você pode deitar-se com as solas do pé paralelas à cama com os joelhos dobrados para cima.

Ponha sua mão direita sobre o peito e a mão esquerda sobre o abdômen.

Passe um momento escutando todos os sons que pode ouvir no cômodo. Talvez o tique-taque do relógio, ou o ar condicionado fazendo barulho. Se estiver chovendo ou ventando, direcione sua atenção aos sons dos elementos quando tocam outras superfícies.

Aos poucos, foque sua atenção nas mãos (ainda com elas sobre o peito e a barriga) e inale lenta e regularmente pelo nariz contando quatro fases de respiração. Então exale lentamente pelo nariz, novamente contando quatro fases.

Repita este processo de cinco a sete vezes.

No foco central de sua mente, comece a imaginar que você está de pé em frente a uma porta aberta, por onde vê uma incrível paisagem.

A cada respiração, continue "olhando" para a paisagem, sinta o esplendor e a beleza majestosa da paisagem preenchendo-o(a).

A cada respiração, diga a si mesmo(a): "Eu sou a paz." Enquanto isso, mantenha a imagem à sua frente no foco da sua mente.

Repita a afirmação, "Eu sou a paz," de cinco a sete vezes, e quando estiver pronto(a), volte sua atenção para as mãos que estão sobre seu corpo.

Passe mais alguns momentos ouvindo os sons que pode ouvir pelo quarto. Aos poucos, abra os olhos e tire as mãos da barriga.

TRÊS EXERCÍCIOS DE RESPIRAÇÃO CONSCIENTE QUE AJUDAM A MEDITAR COM FACILIDADE

EM QUALQUER LUGAR, A QUALQUER HORA: EXERCÍCIOS DE RESPIRAÇÃO CONSCIENTE DO YOGA PARA VENCER O ESTRESSE, A FADIGA E RESTAURAR A ENERGIA

Aprender a relaxar, reconhecer e gerenciar seus níveis de estresse são habilidades essenciais para manter-se feliz e saudável.

Algumas pessoas acham a meditação desafiadora porque seus pensamentos não param, e existe uma dificuldade em focar a atenção na respiração.

Nesta situação, eu sugiro que você foque em praticar exercícios de respiração do yoga como forma de treinar a concentração da sua mente.

Exerícios de respiração do yoga oferecem uma ferramenta simples para aliviar a tensão, reduzir os efeitos do estresse no seu corpo e acalmar a sua mente. São estratégias úteis para dar mais suporte à sua intenção de ser saudável e feliz.

O primeiro exercício de respiração de yoga, a Respiração Diafragmática, é um exercício fundamental de respiração que eu encorajo alunos de meditação e yoga a praticar.

A maior parte dos meus alunos diz que este é o exercício mais útil para aliviar a pressão. É simples e pode ser praticado em qualquer lugar a qualquer hora do dia, para quando você se sentir drenado(a) e ainda assim precisar focar, ficar alerta e terminar suas tarefas.

Quando você praticar exercícios de respiração do yoga, lembre-se de relaxar os ombros e trazer o queixo um pouquinho para dentro. Isso ajuda a manter a cabeça, o pescoço e as costas em linha reta.

RESPIRAÇÃO DIAFRAGMÁTICA

Você pode praticar a respiração diafragmática deitado(a) e virado(a) para cima em uma superfície confortável, como por exemplo a cama, sentado(a) confortavelmente em uma cadeira ou até mesmo de pé.

BENEFÍCIOS: Ajuda a desenvolver a concentração e equilibra os lados direito e esquerdo do cérebro.

- Posicione uma mão suavemente no peito e a outra mão na barriga.
- Relaxe o peitoral e o abdômen.
- Mantenha sua boca fechada.
- Inale pelo nariz e sinta sua barriga subindo e se expandindo, então sinta suas costelas subindo e, por fim, a parte superior do seu peitoral.
- Ao exalar, sinta sua barriga descendo. Se quiser fechar os olhos para ajudar na concentração, tudo bem.
- Pratique entre cinco e sete iterações da respiração diafragmática, e então abra os olhos lentamente.
- Fique parado(a) por alguns momentos até que se sinta pronto(a) para retornar ao seu dia.

Os dois exercícios de respiração do yoga a seguir, a Respiração Por Uma Narina e a

Respiração das Narinas Alternadas, são exercícios de respiração mais avançados, então sugiro que os pratique apenas depois que estiver se sentindo confiante e confortável com a respiração diafragmática, e idealmente sob aconselhamento de um professor de yoga ou meditação.

A prática regular de Respiração das Narinas Alternadas e Respiração Por Uma Narina vão encorajar uma respiração profunda e completa. Com a prática regular, isso ajudará a acalmar sua mente e será uma excelente preparação para meditar.

Exercício de Respiração Por Uma Narina Para

A Calma Profunda

Benefícios: Uma prática calmante de respiração que ajuda a fomentar o equilíbrio do corpo.

Respirar pela narina direita ajuda a estimular sua energia, enquanto a respiração pela narina esquerda acalma e relaxa suas emoções.

Para tirar o maior proveito deste exercício de respiração, pratique a Parte A (respirar pela narina direita) pela manhã e a Parte B (respirar pela narina esquerda) à noite, antes de ir dormir.

Parte A: Sente-se em uma posição confortável, com a coluna reta e o corpo relaxado.

- Descanse sua mão esquerda sobre seu colo.
- Foque a atenção na mão direita. Dobre os dedos indicador e do meio para dentro de sua palma. Seu dedão, anelar e mindinho devem ficar eretos (esta posição é conhecida como *Vishnu Mudra*).
- Seu dedão será usado para fechar sua narina direita, e seu anelar e mindinho são para a narina esquerda.
- Feche a narina esquerda com os dedos anelar e mindinho.
- Inale pela narina direita por quatro vezes, e então exale lentamente por oito vezes.
- Repita de cinco a dez vezes.

- Relaxe e posicione sua mão direita sobre seu colo novamente.

PARTE B: À noite, logo antes de ir dormir, repita os passos anteriores, mas desta vez:

- Feche a narina direita usando o dedão direito.
- Inale pela narina esquerda por quatro vezes, e então exale lentamente por oito vezes.
- Repita de cinco a dez vezes.
- Relaxe e ponha as mãos no colo. Tire um momento para ficar parado(a) e perceber como você se sente.

RESPIRAÇÃO DAS NARINAS ALTERNADAS

O QUE É A RESPIRAÇÃO DAS NARINAS ALTERNADAS?

A Respiração das Narinas Alternadas (tradicionalmente conhecida como Anuloma Viloma) é um exercício de respiração clássico do yoga, é praticado no início ou fim de uma sessão de yoga e é a preparação ideal para a meditação.

QUANDO PRATICAR A RESPIRAÇÃO DAS NARINAS ALTERNADAS?

Sempre que se sentir desbalanceado(a) e começar a se sentir impertinente, tenso(a) ou sentir ansiedade – estes serão sinais de que sua energia precisa ser realinhada e rebalanceada.

A Respiração das Narinas Alternadas ajuda com esse processo porque ela alterna o fluxo da respiração (prana) entre uma narina e outra.

COMO PRATICAR A RESPIRAÇÃO DAS NARINAS ALTERNADAS?

Como em todos os exercícios do yoga, as pessoas escutam e respeitam o seu corpo. A qualquer sinal de desconforto, tonteira ou dor no corpo, por favor pare, descanse e, se necessário, vá ao médico. Se você está grávida ou se é iniciante, eu sugiro que se familiarize com os exercícios mais básicos de respiração do yoga antes de tentar esta prática mais avançada.

DIRETRIZES SIMPLES PARA A PRÁTICA DA RESPIRAÇÃO DAS NARINAS ALTERNADAS

Tradicionalmente, a Respiração das Narinas Alternadas é praticada na razão 1:4:2. Ou seja, para cada segundo/contagem de inalação, você deve reter a respiração por quatro vezes mais tempo e exalar de forma duas vezes mais longa.

Por exemplo, se você inalar em 2 contagens, prenda a respiração por 8, e exale por 4.

Depois que você se sentir confortável com esta razão, comece a prolongar sua prática lentamente, e inale em 4 contagens, prenda a respiração em 16 e exale em 4.

HÁ SEIS PASSOS FUNDAMENTAIS PARA COMPLETAR UMA PRÁTICA DA RESPIRAÇÃO DAS NARINAS ALTERNADAS.

Antes de começar, certifique-se de que você está sentado(a) confortavelmente em uma cadeira ou com as pernas cruzadas no chão. Tome um momento quieto(a) de contemplação, focando na sua respiração do dia-a-dia e convidando sua mente e corpo para entrar na prática.

Sente-se de forma ereta e com a espinha reta.

Descanse as costas da sua mão esquerda sobre o joelho esquerdo, com o dedão e o dedo indicador encostando um no outro.

Com a mão direita, dobre os dedos indicador e do meio na palma da mão, o que deixará seu dedão direito para fechar sua narina direita e os dedos anelar e mindinho para fecharem a narina esquerda.

Passo 1: Feche a narina direita com o dedão direito e exale lentamente apenas pela narina esquerda contando até quatro.

Passo 2: Prenda a respiração suavemente, apertando ambas as narinas entre o dedão, o anelar e o mindinho e contando até dezesseis.

Passo 3: Tire o dedão da narina direita (mantenha a esquerda fechada) e exale pela narina direita contando até oito.

Passo 4: Com a narina esquerda fechada, respire através da narina direita contando até quatro.

Passo 5: Feche ambas as narinas e segure a respiração contando até 16 (como no passo 2).

Passo 6: Tire os dedos esquerdos da narina esquerda, mantenha a narina direita fechada com o dedão direito e exale pela narina esquerda contando até oito.

Esta é uma iteração completa desta prática. Tente fazer entre três e sete iterações.

Exercício especial de respiração para crianças — A respiração da abelhinha e o rugido do leão!

Os exercícios de respiração a seguir são divertidos de se fazer com seus filhos, especialmente se eles gostarem de fazer sons de animais – você mesmo(a) pode fazer sozinho(a), se não ligar de fazer estes sons!

1º Exercício para crianças: A respiração da abelhinha

Certifique-se de que a criança esteja sentada confortavelmente com as costas retas.

Peça à criança que feche os olhos e inale lentamente pelo nariz, e então diga para ela fingir que é uma abelha fazendo um longo som de zumbido ao exalar.

Elas podem fazer um som alto de zumbido uma vez e um som baixo ou suave de zumbido na próxima.

Repita o padrão de zumbidos de três a sete vezes.

Para a última respiração, encoraje sua criança a não fazer nenhum som e ouvir o silêncio, refletindo sobre como isso mudou como eles se sentem.

DICA DO YOGA PARA PAIS:
Pratique o exercício da respiração da abelhinha com suas crianças.

Faça com que seja um jogo divertido, vendo quem pode zumbir por mais tempo, e depois aproveitem o silêncio juntos ao fim do exercício.

2º EXERCÍCIO PARA CRIANÇAS: O RUGIDO DO LEÃO
O Rugido do Leão é um dos exercícios preferidos dos meus alunos de yoga (jovens e mais velhos) porque é divertido e ajuda a aliviar frustrações, o acúmulo de ansiedade e de estresse rapidamente.

BENEFÍCIOS: Divertido de praticar, e ajuda sua criança a entender o poder da respiração para se acalmar, equilibrar e tranquilizar os pensamentos.

- Sente-se ou fique de pé de forma confortável.
- Aperte o rosto como uma ameixa seca.
- Abra seus olhos e olhe para cima.
- Abra sua boca, estique a sua língua e *rujaaaaa* como um leão. Repita o processo por três vezes e, quando terminar, sorria e pense em como você se sente. Garanto que estará se sentindo melhor.

DICA DO YOGA PARA OS PAIS:

As crianças adoram esse exercício de respiração.

Se sua criança estiver entediada, emburrada ou chateada, faça com que ela se levante e faça o Rugido do Leão.

Quanto mais alto e longo o rugido, mais a frustração será aliviada, e isso os deixará mais felizes e calmos.

Exercícios de Respiração para quem não

CONSEGUE FICAR PARADO

No início deste livro, eu disse que também incluiríamos técnicas de meditação e exercícios de respiração para pessoas que querem meditar, mas odeiam ficar paradas.

Algumas pessoas acham mais fácil meditar se estiverem fazendo alguma atividade, utilizando o corpo na prática.

Se isso soa como você, ou simplesmente quiser tentar uma técnica de meditação diferente, as técnicas a seguir serão ideiais, e podem ser praticadas junto com outras técnicas de meditação, exercícios de respiração ou por conta própria, como exercícios de meditação únicos.

Seja você praticante de uma meditação sentado(a) ou uma forma mais dinâmica (veja abaixo), os pontos chave de que devemos nos lembrar são:

- Mantenha o foco no ponto de concentração;
- Mantenha-se consciente da sua respiração;

- Respire profundamente durante sua prática dinâmica;
- Mantenha a atenção focada na atividade escolhida.

De fato, a maior parte dos tipos de meditação ativos e dinâmicos funciona melhor quando você "começa com a respiração" e segue com a respiração.

6 TÉCNICAS DINÂMICAS/ATIVAS PARA PESSOAS QUE ODEIAM FICAR PARADAS

1. Caminhada reflexiva
2. Refeição reflexiva e a refeição em silêncio
3. Tricô reflexivo ou trabalhos manuais
4. Meditação pela escrita
5. Meditação na natureza
6. Meditação com livros de colorir para adultos

1. MEDITAÇÃO EM MOVIMENTO GUIADA

MEDITAÇÃO EM MOVIMENTO

A meditação em movimento guiada é a forma mais popular de meditação ativa/dinâmica para os iniciantes experimentarem, então darei um pouco mais de detalhes sobre a meditação em movimento para você ter uma visão geral desse tipo de meditação.

Você pode fazer uma meditação em movimento simples por até mesmo dois minutinhos no seu quarto, cozinha, escritório... Na verdade, qualquer lugar onde houver espaço para andar em círculos ou dar alguns passos em linha reta.

O QUE É UMA MEDITAÇÃO EM MOVIMENTO GUIADA?

Simplificando, a meditação em movimento é uma forma de caminhar trazendo sua atenção para o interior, focando e acolhendo todas as sensações que percebe no corpo ao caminhar. É uma belíssima prática, e como em todas as técnicas de meditação, quanto mais for praticada, mais fácil fica notar uma mudança na sua energia.

BENEFÍCIOS: A meditação em movimento ajuda a estabilizar sua energia. Se você passa muito tempo "na sua própria cabeça" se preocupando, ansioso(a) e receoso(a) com uma situação, a meditação em movimento é uma ótima forma de acalmar e limpar seus pensamentos. Ao passo que você presta atenção na experiência da caminhada, o processo ajuda a estabilizar e balancear sua energia, e traz uma sensação de calma e paz ao seu corpo.

COMO CAMINHAR E ACALMAR A SUA MENTE

Encontre um espaço quieto onde você possa caminhar do lado de fora, idealmente descalço, em um parque ou na praia, sem ser perturbado(a) por dois a cinco minutos. Se isso não for possível, você pode praticar em um lugar fechado. Se for caminhar em um lugar fechado, certifique-se de que o espaço está livre de obstáculos e que você possa caminhar em círculos, ou dar alguns passos em linha reta e voltar.

Permaneça de pé em uma posição confortável e tire um momento para analisar sua respiração do dia-a-dia. Deixe sua respiração suavizar e aprofundar-se gradualmente.

Comece a prestar atenção na sua postura e analise o que percebe na forma como você fica de pé; traga sua consciência para as sensações e impressões de que você tem ciência dentro do seu corpo. Foque na sua respiração enquanto continua analisando seu corpo.

Mexa os dedos dos pés e espalhe-os no chão.

Traga sua atenção para os olhos. Olhe para baixo de forma suave e foque em um ponto cerca de meio metro à frente dos seus pés. Mantenha essa observação por toda a prática.

Respire suavemente por mais três vezes... Inale... Exale... Inale... Exale... Inale... Exale.

Comece a caminhar, seguindo este padrão:

Inale e levante o pé direito.

Exale e leve o pé direito adiante, voltando a pisar no chão.

Faça uma breve pausa enquanto observa o que está acontecendo com seu corpo.

Inale e levante o pé esquerdo.

Exale e leve o pé esquerdo adiante, voltando a pisar no chão.

Repita este padrão de coordenação, inalando ao erguer um dos pés e exalando ao terminar de dar um novo passo, por dois a cinco minutos, ou por quanto tempo você achar adequado. Trabalhe com seu próprio ritmo e aproveite as sensações e mensagens que fluem do seu corpo ao caminhar atentivamente pela duração da sua prática.

Dicas: Ao caminhar, é útil dar atenção aos seguintes pontos:

Sinta os movimentos que ocorrem em seu corpo.

Perceba a forma como seus tornozelos, joelhos, coxas, cintura e ombros se dobram, se esticam e se movem a cada passo e respiração.

Observe o alinhamento da sua cabeça, pescoço e costas ao caminhar. Não julgue o que você estiver percebendo, apenas mantenha um sentimento de curiosidade aberta e maravilhe-se com seu corpo ao coordenar cada passo com uma respiração.

Quais pensamentos, sentimentos e sensações você percebe ao caminhar?

Como você se sente ao caminhar lentamente e conscientemente?

Com que frequência durante o seu dia você presta atenção na forma como caminha, e o efeito que isso tem na sua respiração e postura?

Se a sua mente for para longe de seu corpo e você direcionar a consciência a outros pensamentos, guie seu foco de volta suavemente, coordenando cada ação do processo da caminhada com sua respiração.

Pratique pelo tempo que você quiser, e vá parando gradualmente. Pause por alguns momentos para analisar o que você percebe, e quando estiver pronto(a), volte graciosamente às tarefas do seu dia.

2. DUAS MEDITAÇÕES CONSCIENTES COMENDO

A. COMENDO COM A PRÁTICA SILENCIOSA

Encontrei a "meditação com refeição reflexiva" enquanto passava por um programa de desenvolvimento espiritual e pessoal de 12 meses em 2000. Havia um almoço em grupo, onde tínhamos que comer em silêncio e "prestar atenção" ao que e como comíamos. A primeira vez que tentei eu achei péssimo, por sempre ter associado a hora da refeição a um momento de conversas e bate-papo com outras pessoas.

No entanto, quanto mais refeições silenciosas e reflexivas nós tínhamos, mais profundamente eu me conectava à comida e às outras pessoas do grupo. Desenvolvemos formas de nos comunicar sem conversar. Prestávamos atenção na linguagem corporal uns dos outros e percebíamos quando alguém silenciosamente desejava que um prato fosse passado adiante ou precisasse de outra bebida. É uma experiência incrível.

E se a sua hora de refeição é como a da maior parte das pessoas, onde dispositivos móveis fazem parte do processo, comer silenciosamente é uma oportunidade de trazer a sensação de calma e silêncio à sua hora de comer.

Outra forma de práticar a refeição reflexiva é com a prática de meditação ao comer.

B. Prática de meditação na refeição reflexiva
Nesta meditação você permanece sentado(a), mas seu foco é na comida que está comendo. É um processo muito sensorial e leva tempo e esforço para realmente se poder saborear e ceder suas sensações à comida. Durante a maior parte do tempo, comemos de uma forma bem piloto automático, de pegar e comer em movimento.

A refeição reflexiva é uma ótima forma de trazer a essência da meditação à sua vida diária.

Aqui vai um rápido passo-a-passo...

Escolha um prato e ponha três pedaços de três frutas diferentes nele.

Escolha frutas ou colheradas de comidas que gosta, e algumas que não gosta com texturas e sabores diferentes, talvez um pedaço de limão, uva e morango. (Tradicionalmente este exercício é feito com uma uva-passa, mas é legal experimentar e explorar a prática com variadas frutas.)

Antes de começar a comer, tire um momento para se centrar, e dirija toda a sua atenção ao prato de frutas/comida à sua frente.

Perceba a forma como a fruta está no prato, o formato de cada fruta e o espaço que ocupa. Realmente use os olhos para distinguir os sombreados e os tons de cor de cada pedaço.

Então, perceba suas mãos e a forma como sua mão e seu corpo se movem em relação à fruta.

Observe cada sensação ou pensamento que passam por sua mente enquanto você decide qual fruta/comida você pegará primeiro. Qual a sua favorita? Não julgue ou analise o quê e por quê, apenas observe e perceba como você pega a fruta, qual a sensação dela nos seus dedos, a textura e o tamanho. Ela é rugosa? Lisa? Mole?

Você percebeu os cheiros diferentes de cada fruta? E o seu paladar, está salivando ao pensar em experimentar a fruta? Ou talvez esteja sentindo seu rosto se franzindo ao pegar uma fruta que você nunca comeu ou não gosta. Novamente, apenas observe e perceba como você responde ao movimento.

Ao trazer a fruta até sua boca, observe novamente como você a segura. Quão firme está apertando? Você está segurando com os dedos ou ela está sobre sua palma?

Novamente, ative aquela sensação de curiosidade e mente aberta para como você segura a fruta. Você traz a fruta até a boca ou inclina o seu corpo para mordê-la? Estude tudo que observar.

O que está acontecendo enquanto a fruta entra na sua boca? Você quer comer o pedaço inteiro de uma vez ou pode resistir à essa vontade e dar uma pequena mordida, percebendo por quando tempo mastiga? Realmente mastigue a fruta. Qual a sensação? Quais pensamentos passam pela sua mente enquanto a fruta entra na sua boca e começa a passar pela sua garganta até o seu estômago?

Mais uma vez, tire um momento para observar tudo que está se passando pela sua mente e corpo, e como você está respirando ao repetir atenciosamente este exercício com os outros pedaços de fruta.

3. Tricô pensativo ou trabalhos manuais

Minhas filhas adoram tricô e crochê. Para elas, essa é a melhor forma para meditarem, ficarem paradas, direcionarem a atenção ao interior e focarem em suas mentes. Cada nó é cuidadosamente atado e movimentado pelos dedos na agulha. Elas mudam de postura e se mexem, mas no geral, enquanto estão costurando, estão profundamente no momento, e ao terminar de fazer o tricô/crochê, elas acabam criando uma obra de arte, algo de que se orgulham muito.

Tente você também. Se estiver interessado(a) em explorar essa forma de meditação ativa, você pode até mesmo ir a um Retiro de Tricô Reflexivo como uma forma de aprofundar sua prática.

4. Meditação pela escrita

Como escritora, a meditação pela escrita é uma das minhas formas preferidas de meditação, especialmente nos dias em que minha mente fica acelerada demais e tenho dificuldade em ficar parada. Segurar uma caneta e trazer minha atenção conscientemente ao que estou escrevendo ajuda a diminuir o ritmo dos meus pensamentos.

Aqui vai como fazer isso.

Encontre um espaço de quietude e traga consigo um caderno ou algumas folhas, além da caneta.

Você também pode trazer um poema inspirador ou uma oração com você.

Ponha-se confortável. Respire fundo algumas vezes e, quando estiver pronto(a), pegue sua caneta.

Você pode copiar deliberadamente e lentamente seu poema inspirador ou oração, escrevendo no ritmo de sua respiração e prestando atenção em como se sente. Ou pode escolher uma palavra simbólica especial, como "paz" ou "verdade," e escrever essa palavra, lentamente e conscientemente, pelo menos umas 50 vezes, tomando um tempo para meditar e ponderar sobre a forma como sua mão e caneta se conectam e deslizam pelas páginas.

Depois de ter completado sua escrita sagrada meditativa, fique parado(a) por um momento antes de voltar à sua vida diária.

5. NA NATUREZA, OLHANDO PARA O CÉU

Olhar para o céu é uma técnica de meditação simples que você pode fazer em qualquer lugar, a qualquer momento que estiver precisando de uma nova perspectiva na vida, especialmente se você adora estar ao ar livre e sente-se claustrofóbico(a) quando está preso(a) dentro de algum lugar!

Guarde um momento para sair e encontrar um espaço silencioso onde você possa ficar. Se estiver muito frio para sair, você pode praticar esta meditação do lado de dentro, olhando por uma janela. Ou, se estiver preso(a) em um metrô lotado, pode segurar na barra de metal, fechar os olhos e praticar esta meditação por visualização.

Pare por alguns momentos para se reconectar com sua respiração, e quando estiver pronto(a), olhe para o céu.

Observe as cores e texturas das nuvens, ou se for à noite, procure pelas estrelas e pela Lua.

Respire regularmente algumas vezes enquanto relaxa os ombros, alonga os dedos dos pés e das mãos e começa a aliviar a tensão e o estresse do seu corpo.

Foque na sensação de relaxamento de seu corpo enquanto continua dando atenção à forma que você respira. Olhe à sua volta e observe a vastidão do céu. Se quiser, estique os braços (pense em Rafiki do *Rei Leão* apresentando Simba à alcateia).

Permita-se gozar do espaço infinito e da maravilha daquele momento, e reconheça que você também faz parte desta grande criação expansiva que chamamos de Terra. A cada respiração, sinta como se estivesse absorvendo a mágica e o esplendor da Terra. E ao exalar, permita que seu corpo relaxe um pouco mais enquanto você se concentra e descansa no silêncio e na vastidão dentro de sua mente.

Fique neste espaço respirando de cinco a dez vezes, de forma regular e refrescante, antes de retornar à respiração do dia-a-dia e aos seus arredores.

6. Meditação colorindo mandalas

De forma similar à meditação pela escrita e até a refeição pensativa, a meditação colorindo mandalas é outra forma de meditação que você pode usar se odeia ficar parado(a).

Mandala é a palavra em sânscrito para círculo. Muitas mandalas têm significados espirituais ou religiosos, e eram originalmente associadas a religiões antigas. Uma mandala mostra que a vida é infinita, e representa nossa conectividade uns com os outros e com o universo.

Hoje em dia, mandalas são comumente usadas como imagens para colorir. Elas vêm em uma grande variedade de formas geométricas, e são frequentemente preenchicasde imagens aleatórias circulares da natureza.

Colorir mandalas é visto como uma forma de meditação ativa e aberta, porque seu foco é nas formas, cores e imagens que você está criando. Colorir de forma consciente a sua mandala permite que sua mente descanse e que o corpo relaxe, o que nos ajuda a nos "sintonizarmos" com o espaço criativo.

Quando ensino yoga a crianças como forma de encorajá-las a relaxar e redistribuir suas energias, gosto de terminar as sessões com uma breve prática de colorir uma mandala de forma meditativa. Frequentemente, até mesmo a criança mais ativa e agitada fica logo cativada e concentra-se em escolher as cores dos lápis e colorir suas mandalas. Colorir mandalas é outra forma de levar os pensamentos para o interior e permitir que a beleza interior e a criatividade brilhem. Até mesmo pessoas que não se veem como "artísticas" encontram um ritmo e respiração ao colorir suas mandalas.

Conclusão

Então, se você odeia ficar parado(a), mas ainda assim deseja viver uma vida calma e pacífica, as meditações guiadas, exercícios de respiração e meditações dinâmicas incluídas neste livro serão de boa serventia.

TODAS AS DICAS e sugestões deste livro são atividades que meus clientes e eu praticamos para nos ajudar a reduzir o estresse, relaxar e ter energia para fazer as coisas que mais importam para nós.

Eu compartilhei a meditação sentada e as técnicas mais dinâmicas para te inspirar e te encorajar a tirar um tempo da sua rotina diária para cuidar de *você*.

Eu quero que você sinta-se relaxado(a) e saiba como dissipar o estresse e achar a calma, especialmente quando precisar equilibrar as demandas de ter que gerenciar uma casa, cuidar da família e manter-se em dia nas questões do trabalho.

Espero que tenha achado as meditações deste livro úteis, especialmente as meditações oferecidas para aqueles que odeiam ficar parados. Depois me conte como foi. E lembre-se de que estou aqui para apoiar sua prática.

Por fim, lembre-se de relaxar e passar ao menos entre 5 e 15 minutos todos os dias praticando a meditação. Escolha uma das técnicas descritas neste livro e tente aplicá-las pelos próximos cinco dias. Eu garanto que você perceberá uma diferença em como se sente e como responde às situações.

E o mais importante: seja gentil, reduza seu ritmo, descanse quando puder e aproveite cada dia de sua vida.

Namastê,

Gabriyell Buechner

www.ingramcontent.com/pod-product-compliance
Lightning Source LLC
Chambersburg PA
CBHW071849070526
44583CB00016B/1606